現役大家さん“二人”が教える「中古戸建て」投資の教科書！

関東在住の育児ママでも成功した

“ワッキー流”地方「5万円戸建て」投資！

ママ投資家・
長崎“激安中古戸建て”
投資倶楽部代表
岩崎えり

ボロ物件専門大家
脇田雄太

まえがき

読者の皆様こんにちは。ママ投資家の岩崎えりと申します！

この度、私とボロ（築古）物件専門大家である、脇田雄太さんの二人で、地方（本書では長崎）のボロ戸建ての本を書かせていただきました。

私は小さな娘を育てながら、不動産投資をおこなってきました。これまでに茨城と大阪で中古アパート2棟、長崎でも中古アパート2棟を購入し、合計63室を運営しております。

この経緯は2018年出版の著書『30代ママ、2ヵ月で"月収150万円"大家さんになる！』（ごま書房新社）でも書かせていただいております。

本書の内容は、出版後に私が「ボロ戸建て投資」に興味を持ったところから始まります。

私が長崎の築古戸建てを初めて視察したのは、2015年6月。

その時の視察に参加されたご夫婦が、戸建て2戸を購入され、その後の様子をきいて驚きました！

・すぐに入居者が決まり、その後も入居期間が長く続いていたこと
・利回りが高いこと
・地方で探せば、現金だけで買える金額の物件がたくさんあること
・勉強（スキル）次第で利益がどんどん増えていくこと　・・・などなど。

「ボロ戸建てって、すごい♪」

私もその時、地方のボロ戸建て投資の良さにやっと気づきました。

幸い、融資の借換えも成功し、金利がダウンしました。これで、初期の頃に購入していた2棟のアパートのキャッシュフローが増えました。

私は、「このキャッシュを貯めて、これから私も戸建てを現金で購入していこう！」と決意しました。

もちろん購入場所は「長崎」。なぜなら、私の生まれた場所、親（母方）の故郷でもあるからです。どうせなら、生まれ故郷を活気づけたい、もっと人を集めたい！　そ

んな想いからです。
しかし、気持ちとは裏腹に買えない日々が続きます。そんな時に、ごま書房新社の著者仲間である、脇田雄太さんと出逢いました。

脇田さんは、なんと「長崎」を中心に、これまで100世帯以上のボロ物件を購入・運営されてきた凄腕大家さんでした。
『〝ワッキー流〟ボロ物件投資法』という独自の手法は、驚くことに5万円や10万円のお宝ボロ戸建てを探しだし、これまた独自の激安リフォームで再生させて貸出し、その家賃収入で更に戸数を増やしていくものでした。

この奇跡的なご縁に「今度こそ買えそう！」との気持ちが高鳴りました。
そして本書でこれからご紹介していくように、『長崎〝激安中古戸建て〟投資倶楽部』という勉強会を主宰しつつ、物件を探す私の奮闘記が始まるのです！

本書の出版時は、なかなか銀行融資がつかない時代です。それでも、不動産投資はとても手堅く魅力的な投資であることに変わりはありません。

でも、戸建て投資は現金だけで買い進められる手法です。まさに今の時代にピッタリの不動産投資だと思います。

なかなか1棟目が買えない方、融資は怖いけれど不動産投資に興味がある方、子育てで忙しくて無理そうと思っている主婦の皆さま。

ぜひ本書をお読みになり「ボロ戸建て投資」の魅力を知ってくださいね♪

岩崎えり

◆目次

第3章　「ボロ戸建て」ビューティー（ピカピカ）リフォーム【編】

第4章 「ボロ戸建て」満室管理&即決客付け【編】

第5章 初心者からの長崎「ボロ戸建て」投資の質問に答えます！

第1章

地方の「ボロ戸建て」探し
＆現地調査【編】

1章「岩崎えり」編

私が長崎で「5万円・ボロ物件」と出会うまで！

この章では、もともとは融資を使って一棟マンションや一棟アパートを買い進めていた私が、現金で長崎にボロ戸建を買うことになったきっかけや、その背景について紹介します。

正直、最初にボロ物件を見た時は「こんなボロい家に住む人がいるのか」と疑心暗鬼でした。しかし、今は買ってよかったと思っています。

融資が厳しくなった今、現金で買えるボロ戸建の魅力は増しています。激安物件の探し方や経験からわかった内覧時の注意点も紹介しますので、参考にしてみてください。

1 岩崎えりの「ボロ戸建て探し&調査」実録レポート

1）初めての「地方ボロ戸建て」視察

私が長崎の築古戸建てを初めて視察したのは、２０１５年6月。今は3才になった娘が生まれる前のことです。

その頃、Ｓ銀行の融資（金利４・５％）を受けて購入したアパートの借り換えに奔走しており、知人から紹介してもらった長崎の地銀にちょくちょく足を運んでいました。

それを見た大家仲間から、「6月に長崎で戸建て投資に関する視察会をするから来ない？」と誘ってもらったのです。

実はこの当時の私は、「融資をひいて一棟物を購入していく」という方針でしたので、ボロ戸建てをキャッシュで買うことは考えていませんでした。

しかし、せっかくなので、勉強のためにこの視察に参加することにしました。

私は単独での参加だったのですが、他のメンバーは3組のご夫婦で、私も主人と来たらよかったなぁと思いました。

一組のご夫婦はすでに長崎でボロ戸建て投資をされていました。

250万で購入し、簡易リフォームを行い、5万円で賃貸中ということでした。なんと利回り24％です。

この当時は利回り10％以上を基準にしていたので、とても驚きました（今は15％以上でないと買いません）。

この視察では、築古戸建てを5戸ほど視察させていただきました。200万〜300万くらいの物件です。

正直、「こんなボロい戸建てに住む人がいるのかな？」とこの時は、まだ半信半疑でした。

その時の視察に参加されたご夫婦の一組が、そこで見た戸建て2戸を購入されました。今でもそのご夫婦とは連絡を時々取り合っており、その後の様子をきいています。すぐに入居者が決まったこと、利回りが高いこと、一度入ったら入居期間が長く、安定した賃貸経営ができることなどを聞き、私も戸建て投資の良さにやっと気づきました。

幸い、アパートの借り換えも無事に成功し、金利がダウンしました。これで、初期の頃に購入していた2棟のアパートのキャッシュフローが増えました。

私は、「このキャッシュを貯めて、次は長崎の戸建てを現金で購入しよう！」と決意しました。

2）主人との戸建て視察

前回の長崎戸建て視察ツアーの6か月後、夫が長崎にやってきました。

リフォームローンの金消契約で長崎へ行くことになったので、主人にも旅行がてらついて来てもらうことにしたのです。

ついでに長崎の物件を見ることで、主人がちょっとでも不動産投資に興味を持ってくれたらなという下心がありました（笑）。

結果的に、主人は不動産投資に興味を持った様子でした。

いくつか見た戸建ての中で、高台にある一軒を気に

入り、「ここを別荘にしてもいいね」と言っていたほどです。（その家は買いませんでしたが）

理由は明白。その安さです。戸建てが乗用車を買う感覚で買えるのですから！

私は横浜に住んでいますが、横浜ですと通常、戸建てを購入するのに8桁万円はかかります。長崎だと庭もついてそれが7桁、6桁、下手すると5桁で購入できてしまいます。

3）現地調査で準備するもの

長崎で物件調査をしたとき、「これを持ってくればよかった」と思うものがいくつもありました（今では必ず持参しています）。

通常の不動産投資で扱う物件と違って、痛みの激しいものが多いですし、場所も山の上や草ボーボーでジャングル状態のところが多いので、それ相応の準備が必要になるのです。

ということで、ボロ戸建の現地調査で持参した方がいいものを紹介しますので、ぜひ参考にしてください！

①物件資料（これがないとはじまりません！）
②購入価格と利回りを書いた表（後で詳しく書きます！）
③メジャー（様々な家具や建具の採寸、道路に面している通路が狭い場合、通路の幅を図って再建築可能かどうか）
④カメラ（あとで見返せるように何枚も撮影）
⑤懐中電灯（床下や押入れの天井などもチェック）
⑥筆記用具（スマホのメモ機能だけだと書き損じが起きることも）
⑦スリッパ（ボロい家は土足ですが、時にはスリッパを使う箇所も）
⑧軍手（錆びているものが多いです。これがあるとないではさわったり持ち上げたりできるものが大きく変わります）
⑨コンパス、水平器がわりのボール（陽の向きや家の傾きなど※地方の屋内だとスマホは圏外のことも）

購入価格と利回りを書いた表の例

仕入れ値 100 万円（購入費とリフォーム代）で家賃 4 万円＝利回り 48%
仕入れ値 200 万円（購入費とリフォーム代）で家賃 4 万円＝利回り 24%
仕入れ値 300 万円（購入費とリフォーム代）で家賃 4 万円＝利回り 16%
仕入れ値 400 万円（購入費とリフォーム代）で家賃 4 万円＝利回り 12%
仕入れ値 500 万円（購入費とリフォーム代）で家賃 4 万円＝利回り 9.6%
仕入れ値 100 万円（購入費とリフォーム代）で家賃 5 万円＝利回り 60%
仕入れ値 200 万円（購入費とリフォーム代）で家賃 5 万円＝利回り 30%
仕入れ値 300 万円（購入費とリフォーム代）で家賃 5 万円＝利回り 20%
仕入れ値 400 万円（購入費とリフォーム代）で家賃 5 万円＝利回り 15%
仕入れ値 500 万円（購入費とリフォーム代）で家賃 5 万円＝利回り 12%

②の購入価格と利回りを書いた表は、簡単でいいので事前にエクセルなどで表をつくり、持って行くといいでしょう。

例えば、上のような数字をあらかじめ一覧にしておくと、価格交渉の際に迷わずにすみます。

内見時の服装ですが長袖・長ズボンというように、できるだけ肌が出ないようにすることをおすすめします。

玄関に入る時に草をかき分けていくような家もありますし、家の中で得体のしれない虫に刺されるリスクもあるからです。

ほかにも、地方の見知らぬ地、しかもボロ物件視察の場合、思いもよらない事態が起こることも良くあります！

体験から以下のものもあると良いと思いますので、お出かけ前にざっと確認をしてみてくださいね！

・虫よけスプレー、ムヒ（特に夏場は蚊やダニの攻撃をうけます）
・汚れても良い着替えの服（ボロ戸建てはかなり埃っぽくカビも発生中）
・マスク（屋内は埃やカビだらけです！）
・モバイルバッテリー（地図やメモなどの多用でかなりバッテリー消費）
・夏は帽子（坂や階段をひたすら登るので熱中症対策を）
・靴カバー（動物の糞などが散乱している時も！）
・リュックもしくはポシェット（両手が使えるようにしておく）
・タオル数枚（汗ふき、汚れふき、開閉部の押さえ用・・・いろいろ役立ちます）
・ペットボトルの水（熱中症対策、お掃除、地方の調査は結構な運動になります）
・広角カメラ（部屋全体の写真を撮影するため）
・赤ちゃんがいる方は抱っこひも！（物件内や、場所によっては階段や坂が多いのでベビーカーが使えないことも）
・赤ちゃんがいる方はおでかけグッズ一式！（ボロ物件視察は赤ちゃんにはつらい環

境で長時間になることも。授乳ケープ、おむつ、ミルク、おむつ入れ、着替え、ガーゼ、ペットボトルの水など）

2 「5万円」以下の物件情報をキャッチする3つの情報収集術

1）ママ投資家えりの5万円以下の物件を見つける方法 その1「インターネットで検索する」

早速、物件検索を始めました。

私は毎日、継続的に複数の検索サイトをチェックしています。

「検索サイトはライバルが多いので、一番手になれないのでは？」「良い物件は検索サイトに載らないと聞いたことがあるけど・・・」などという人がいます。

しかし、私の周りには実際に検索サイトで見つけた物件をいくつも超低価格で購入している方が沢山いらっしゃいます。

私がチェックしているのは、「不動産ジャパン」「健美家」「アットホーム」「ホームズ」「楽待」等の、ポータルサイトです。

不動産ジャパン　http://www.fudousan.or.jp/
健美家　http://www.kenbiya.com/
アットホーム　http://www.athome.co.jp/
HOMES　http://www.homes.co.jp/
楽待　https://www.rakumachi.jp/

サイト上には下は１００万円くらい、上は数億円という物件が多数掲載されています。この中から、激安物件を見つけて購入するには、どうしたらいいでしょうか？

まずすべきことは、欲しいエリアの物件を安い順に並べて、安いものから順番に、問い合わせを入れていくことです。


このとき、戸建てだけでなく、「売り土地」も見るようにします。

戸建てとして売りに出したけれどなかなか売れない物件や、長く人が住んでおらず、建物の価値がほとんどないような物件は、「売り土地」として掲載されていることも多いからです。

「古家付き土地」というチェックがあれば、そこを押すと、安い家が見つかりやすいと思います。

問い合わせを入れるときは、電話がおすすめです。その方が早く、より多くの情報を聞き出せるからです。ただし、電話口でいきなり価格交渉をするのは避けた方が無難です。

最初の問い合わせでは、「売り主様の情報」「売りに出してからどの程度経過しているか?」「どの程度まで指値できそうか?」について簡潔に確認して、それ以降の話は現地で実際に会ったときに進めます。

「指値が効くか分からないのに、現地に行くなんて、交通費がもったいない」と思うかもしれませんが、掛かった交通費など物件を一つ購入できればすぐに取り返せます。ある程度の「あたり」をつけたら、すぐに現地へ向かい、不動産会社の担当者さんと直接話をすることが重要です。

私の実際の例を紹介します。

ある戸建ては、最初350万円で出ていましたが、1年以上買い手がつがず、350万円から250万円に下がったところで私が問い合わせを入れ、100万円で買付をいれました。

指値を入れる際には、「残置物をこちらで撤去するが、それに60万円～80万円ほどかかること」「リフォームの必要があること」等を理由にしました。

東京や横浜ではありえない金額ですが、不動産価格が安い長崎では、大幅な指値を入れても嫌な顔をされることはありません。

結局、この物件は買わなかったものの、「指値を入れる」ことにハードルを感じていたマインドブロックが吹き飛びました。

私の周りの大家さんたちは皆、このように検索をして、指値を入れて買付、というルーティンを繰り返す中で、安い物件を買っています。

いざ探し始めてみると、安い物件は意外と多く見つかります。

淡々と問い合わせを入れて、希望の金額で買えるよう、粘り強く探してみてください。

2）ママ投資家えりの5万円以下の物件を見つける方法
その2「親しくなった担当者さんから連絡をもらう」

ポータルサイトで物件を検索し、いくつか物件を見ていくと、問い合わせや内見などを通じて、複数の業者さんと知り合うことになります。

その中から「キーマン」となるような、フィーリングがあって信頼できる担当者さんを見つけることが大切です。


私がまだ新米大家だった頃、先輩の大家さんから、「恋人を探すつもりで探したらいいよ」というアドバイスをもらいました。

そういう意味で、初めての業者さんに会うときはお見合いのようなもの。会う時は手土産を持参し、別れた後はお礼のメールを送るようにしています。


「キーマン」に出会えたら、「安くなりそうな物件があれば連絡をください」とお願いしておきます。

この仕組みが出来上がると、スムーズに物件情報を入手できるようになります。

不動産投資の成否は「いかに良い情報を得られるか？」で決まります。

教えてもらった物件を買えたときは、紹介してくれた担当者さんに必ずお礼を渡すことも大切です。

	一棟物 （アパート・マンション）	戸建て
投資金額	高額の場合が多い	少額からできる
融資	高額なので通常融資ありきで考える	少額から始められるので現金でできることも多い
失敗時のリスク	高い	低い
空室リスク	部屋が多いので空室がでてもカバーできる	0か100かになる（複数持つことでカバーできる）
間取りや用途の変更	間取りを変えにくい 用途変更も大リフォーム	間取りを自由に変えられる 用途変更も安価で可能
立地による客付け	入れ替え期以外、立地が悪いと客付けしにくい	立地が悪くてもノウハウ（用途）で年中客付け可能
入居期間	短い場合が多い	長い場合が多い
投資利回り	低い	高い　※リフォーム代注意
キャッシュフロー	多い　※融資返済額注意	少ない　※返済の心配不要

３）一棟物と戸建て投資、メリットデメリットから考える

初めての戸建て投資ということで、これまでのアパートマンションと投資目線で比較してみました。

どちらも一長一短ですが、主婦の立場としては戸建ての方に安心感があります！

【ウワサで聞いた！　初心者さんの失敗話～【現地調査編】

「広い庭つきの家を買って予想以上の維持費がかかってしまったAさん」

地方で戸建てを購入されたAさんのお話です。

この物件は、Aさんにとって初めての収益物件でした。

検討した家は部屋数が多く、広い庭もついていました。

「素晴らしい庭だなあ。自分も住みたいくらいだ♪」と思ったAさんは、大きな家も広い庭も入居付けにプラスになるだろうと考え、深く考えずに購入されたそうです。

しかし、その後、後悔することになります。

というのも、入退去のたびに庭の手入れをする必要があったり、軒下にハチが巣を作ってそれを駆除することになったり、近所からの「越境」の通報で木を切る必要が生じたりと、広い庭があるせいで色々な手間が増えてしまったからです。

しかも、ハチの巣事件では管理会社に駆除をお願いしたところ、相場よりもかなり高い値段を請求され、ショックを受けていました。

Aさんのこの物件は、家賃収入に対して、庭や家が広すぎたために、維持管理費がかさんでしまいました。庭の手入れは入居者にお任せするなど、事前にルールを定め、維持管理費を抑える工夫が必要だったと思います。

戸建てといってもあくまでも不動産投資ですので、想定される家賃収入から、できるだけ多く利益の残る物件を買っていきましょう。物件が大きいからといって5万円の家賃が10万円になるわけではありません。

購入前に後々のことを考えないと手痛い失敗をしてしまうというウワサ話でした！

1章「脇田雄太」編
初心者が良いボロ物件を見つけるための“ワッキー流”「必勝ステップ」

最初にボロ戸建て投資に興味を持っている皆さんにお伝えしたいことがあります。

それは、私や岩崎さんが行っているようなボロ戸建投資は特別な人にしかできないというものではないということです。

もちろん、一坪何百万円もするような都会の真ん中で行うことは困難です。しかし、エリアによっては、低価格の不動産取引は決して珍しいものではありません。

では、そのためには具体的にどうすればいいのでしょうか?

ここでは私が実践している、超格安ボロ物件の探し方を紹介していきます。

1 なによりも大事なのは立地

私は安い物件が大好きですが、安ければどんなものでも買っているわけではありません。

入居者がつかなければ、いくら安くても意味がありません。

ですから、安くて、リフォーム後に家賃をしっかりと稼げる物件だけを見極める必要があります。そういう意味で、立地は非常に重視しています。

建物については相当古くても、リフォームでピカピカに直すことが可能です。しかし、立地だけは失敗すると取り返しがつきません。

具体的には、私の場合、長崎市内でも市電の駅から直線距離で5キロ以内をメインに買っています。

このエリアでしたら、300万円くらい出して買うこともあります。

それ以外の場所の場合は5万とか5千円とか、かなり安く買うようにしています。

いくら安くても買わない物件もあります。いわゆるリゾートエリアにある物件です。

リゾート地の物件は別荘利用で建てられることが多く、そこに暮らす人が少ないため、賃貸物件の需要が少ないのです。

少し話は変わりますが、私は29才の時に不動産投資を始め、最初の一棟は大阪府内の中古RCマンションをフルローンで買いました。価格は約1億円です。

利回りは12％あり、満室経営できていたのですが、その借金の大きさに怖くなり、2棟目以降は現金でいこうと決めました。

そして、全国の高利回り物件を見に行きました。

当時はサラリーマンで大阪に住んでいましたので、平日に物件検索をして問い合わせの電話をかけ、週末に仲介会社さんと現地で待ち合わせをしていくつも物件を見学する、ということを繰り返していました。

その中で長崎は、安い物件が多いわりに一定の賃料が得られる物件が多かったこと、出会う不動産会社の人や町の人が優しかったこと、街の雰囲気がよくてまた来たいと思ったことなどから、2棟目、3棟目とどんどん物件を買い進めることになりました。

他に、仙台や福岡といった候補もあったのですが、街の雰囲気が排他的であったり、物件は安いけれど家賃も安く、競争が激しすぎると感じたりしたために、買うまでにはいたりませんでした。

また、長崎にはレオパレスや大東建託といった大手のアパートメーカーがあまり入ってきていません。

土地値が安く、不動産投資家への融資がつきにくいために、札幌や福岡のように、都会の投資家が土地を買ってバンバン新築を建てるというようなこともありません。

つまり、ライバルになるのは地元で古くから大家さんをやっているおじいちゃん、おばあちゃんが中心になります。

そういった意味でも、長崎は私が大家業を拡大していく上で理想的な場所だったと思います。

このようなエリアは、長崎以外にも全国のあちこちにあるはずです。

ぜひ、自分だけのスウィートスポットを探してみるといいと思います。

2 見極めが肝心！ ボロ物件購入時「6つのチェックポイント」

次に、建物のチェックの仕方を紹介します。

最初に言ってしまうと、どんなにボロい物件でも、お金をかければ修繕してピカピカにすることは可能です。

雨漏り、シロアリ、床の傾き、どれも何度も買ってきましたし、再生して賃貸に出しています。

岩崎さんは物件視察の際に、「こんなにボロい家に住む人がいるの？」と思ったと書いていましたが、ボロいままではなく、キレイにして貸せば、住みたい人はいます。実際に私も「築年数不詳」も含め、相当古くてボロボロの家をいくつも買いましたが、貸家の入居率はほぼ１００％です。

しかし、直すにはお金もかかりますし、初心者のうちはできるだけ、買った後で手間がかからない物件を買いたいと思います。

ですから、物件を見に行くときは、次のような点を注意してみるといいと思います。

１）建物の構造部分はココを見る

確認ポイント①【基礎の状態・シロアリ被害の有無】

物件購入時は必ず、建物の床下・基礎をチェックします。

最初のうちは大工さんかインスペクターに同行してもらうのが良いでしょう。

⬅戸建1階部分から2階床組みを見上げている写真。2階の床下部分に大きな蟻道が確認できる

➡同一建物1階床部分の写真。床材がシロアリに食べられ劣化している。このままでは賃貸に出すことはできないので一旦床材をはがし、下地をやり替えた上で再度フローリング等を施工し直す必要がある。どこまでシロアリの被害が進行しているかで復旧に必要なコストが変わってくる。

私は初期の頃、一度、物件を案内してもらった後、「購入を検討しているので、明日もう一度、室内を見学しても良いですか？」と、売買仲介さんの許可を得た上で、売り主様と利害関係のない大工さん同伴で建物の調査を行っていました。

大工さんにお願いした場合、今後の仕事につながることもあって費用を請求されるケースはほとんどありません。

私が岩崎さんの物件を見てあげたように、築古物件に詳しい先輩大家さんや仲間の大家さんにアドバイスをもらうのもいいと思います。

慣れてくれば、第三者の同行を求めなくても自分で建物の見極めができるようになってきます。物件チェックの基本は次のようなものになります。
・建物外部を回り、目視でひび割れや損傷が無いか？　を確認
・室内に入り、点検口等から床下や屋根裏を確認
・屋根に上り、瓦や雨どいなど屋根回りの状態を確認
構造部分には問題がない建物でも、表面的な汚れや劣化・ひび割れ等があるケースもあります。

神経質になる必要はありませんが、過去の地震による影響や、不同沈下・湿気による被害の有無などは目視で確認しておきましょう。

一目見てわかるくらい、建物が傾いている場合、元に戻すのは困難です。また、擁壁は直すのに数百万円単位でお金がかかるので、擁壁のある物件は、大きなクラックがないかなど、しっかりと確認してください。

外側を一通り見たら、次は室内です。室内では、次の点を中心に調査します。
・床に近い部分の柱などにシロアリの被害がないか？
・もしくはシロアリ予防駆除の施工痕がないか？
シロアリが活動している場所には、蟻道という茶色っぽい蟻の通り道があり、素人でも見ればすぐに分かります。古い木造物件で、シロアリは珍しいことではありません。修理は可能ですので、私は立地のいい物件は迷わず購入しています。

確認ポイント②【躯体】

拡大写真

⬅2階建てアパートを骨組みだけ残して解体した状態。写真は室内1階部分から元浴室があった2階部分を見上げている。

2階の天井部分を撤去すると広大な屋根裏空間が現れた。適切な補強工事を行った上で梁などをあえて見せる仕上げにすれば、建物の安全性向上と室内の開放感の演出の一石二鳥を実現できそうだ。

次に確認すべきポイントは、柱や梁等の「躯体」です。

このとき、できれば大工さんに同行してもらい、簡易的な「耐震診断」を行うことをおすすめします。

超低価格で購入できる物件は、現在の基準から考えると「耐震強度が足りていない」ものがほとんどです。

プロと相談の上、必要なら補強金物等の施工を検討しましょう。

金物自体の価格は安いものです。物件所在の地方自治体から、耐震補強の補助を受けられるケースもありますので、市区役所の担当部署に確認してみてください。

確認ポイント③【水仕舞い】

⬅2階建てアパート（コンクリートブロック造陸屋根2階建）の2階室内部分から天井を見上げた写真。雨漏りが進行し天井板と壁面が激しく劣化しているのが分かる。

拡大写真

➡陸屋根部分を確認している様子。屋上部分の防水が劣化し、コケや植物が茂っている。この状況では防水効果はないに等しいため雨漏りするのも当然だろう。

もうひとつのポイントが「屋根の水仕舞い」です。雨漏りの跡が確認できる場合は修繕工事を行う必要があります。

「雨漏りの有無」を調べる方法は簡単です。

室内側から天井を見て、雨染みがないかどうかを確認するだけです。

居室だけでなく、玄関や階段・押入れの天井部分も忘れずにチェックして下さい。

天井部分の壁紙が張り替えられていて雨漏りの跡がわからない場合もあるので、天井裏の確認もできれば理想的です。

シロアリ同様、古い木造物件では雨漏りの跡があることが珍しくありません。雨漏りの跡があるからダメなのではなく、雨漏りの跡を指値の根拠にすると考えてください。

2）電気、ガス、水道等のインフラの確認のポイント

「建物の健全性」の次に重要なのが「インフラの状態確認」です。買い付けを入れる前に、以下の点をチェックすることは必須です。インフラが不十分であれば、指値を入れる根拠のひとつになります。

確認ポイント①【下水道】

物件が下水道に接続されているかどうか？　は、最も重要なチェックポイントです。売り主様へ確認するのが基本ですが、それ以前に、トイレを確認すればある程度の判断は可能です。

通常の水洗トイレの場合、下水道につながっているか、浄化槽が設置されている可能性が高いと言えます。トイレが汲取り式や簡易水洗の場合には、下水道に接続されていないケースがほとんどです。

※簡易水洗とは、少量の水で流すタイプのトイレのことで、飛行機や新幹線のトイレのようなイメージです。

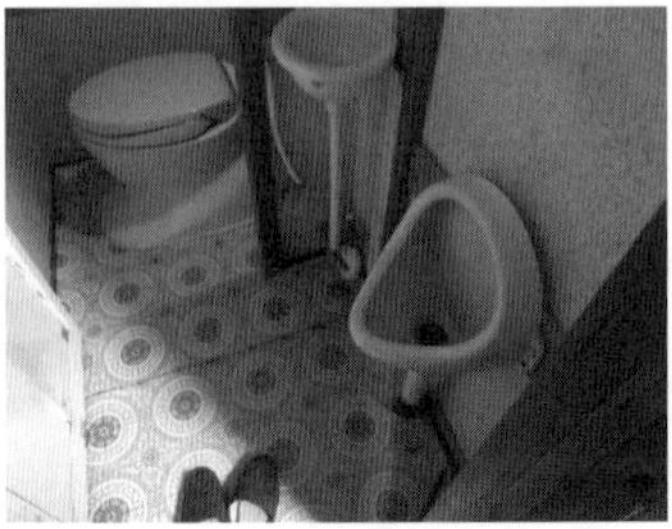

⬅奥は汲み取りトイレに洋式風の便座をセットした大便器、手前は昔の個人経営の医院にあるような小便器があった。

➡リフォーム後の様子。下水道に接続し水洗化した上で温水洗浄便座を取り付けた。現場にいると過去の汲み取りトイレの様子をもはや思い出せないほど清潔感あふれる空間に一新された。

下水道に接続されていない場合は、「物件の前の道路まで下水管が来ているか？」「物件の前の道路まで下水管が来ている場合、そこから物件までの接続費用はいくら必要か？」といった事柄を確認します。

浄化槽が設置されている場合は、その維持管理に掛かるコストと下水管への接続コストを比較検討し、有利な方を選択します。

工事をする場合は、各自治体の水道局に問い合わせます。ほとんどの場合、工事は各地方自治体の水道局が指定している「指定業者」に依頼する必要があるためです。

地域によっては補助金が出て得をする場合もあるので、自治体への問い合わせは必ず行うようにしましょう。

⬅ワンルームアパートの上水管の水道メーターより末端側を全交換している様子。サビ水が出ているアパートを大幅指値で購入し、上水管の交換を行うことで高利回り物件を作ることができる。

確認ポイント②【上水道】

「上水道が通っていない」というケースはほとんどありませんが、まれに長期間不在だったため水道メーターが撤去されており、メーターの再設置に「水道利用加入金」等の名目で費用がかかるケースがあります。

この場合、通常は6万円程度の金額がかかります。

また、水道は実際に蛇口をひねって、水を出してみることも大事です。

水道管が傷んでいると、真っ黒な水（黒水）や、錆びた色の水（赤水）が出ることが多くあります。

戸建ての場合、水道管を全部取り変えても20万〜30万円程度で収まるケースが多いため、必要以上に恐れることはありません。

確認ポイント③【都市ガス】

長崎のボロ物件投資でLPガスの導入は必須事項ともいえる。

都市ガスは通っているに越したことはありませんが、もし通っていなくても問題はありません。

購入後にLPガスを導入すれば、何も支障はないからです。

LPガスはどんな場所にも導入できるのがメリットです。

世帯数の多いアパートから、階段の段数が200段を超えるような山の上の小規模な戸建てでも問題なくLPガスを導入できます。

工事費用をガス会社さんが補助してくれることも珍しくありません。

確認ポイント④　【テレビアンテナ】

⬅ケーブルテレビの導入と一緒にインターネット使い放題を導入した部屋。入居希望者にわかるようにPOPでPRしている。

ボロ物件の場合、テレビアンテナが設置されていないケースや、設置されていても地上波デジタル放送に対応していない、老朽化のため使用できないなどのケースが多く見られます。

しかし、新たに地上波のアンテナを（物理的に）大家が用意する必要性はほとんどありません。

代わりに、ケーブルテレビを導入するのが将来のメンテナンス面を考えても合理的です。インターネット使い放題とセットで導入を検討してみてもいいでしょう。

多くのケーブルテレビ会社で月額500円程度で地上波のみ供給してもらえるプランが提供されており、初期費用も2万円程度です。

物件のリフォームに合わせてケーブルテレビの契約と導入工事を行えば、電気職人さんに工事をお願いする際、同時に、アンテナコンセントの設置をお願いできます。

少し話がそれますが、私は場所が少し奥まっている物件や、ワンルームなどの単身向け物件など、比較的入居付けが難しい物件については、大型のテレビを備え付けにすることがあります。

若い人はテレビを観ない人が増えているといいますが、一定の効果はあると感じています。

確認ポイント⑤【再建築可能か？　前面道路の種類は？】

激安物件では、不動産会社さんが扱うには金額が小さすぎるため、個人間売買を結ぶケースが多くあります。

すると、通常の不動産売買なら売買仲介さんに調査・報告してもらえる「再建築の可否」や「前面道路の種類」について、自分で調査することが必要になります。

通常、物件の情報をくれた不動産会社さんに質問すればある程度のことは教えてもらえますが、念のため、物件がある市区役所で確認することをおすすめします。

経験上、役所の職員さんたちは皆さん、丁寧に教えてくれます。

⬆写真は長崎に多い階段立地の物件ですが、幸運なことに、物件購入後に市の道路拡張事業によって物件前面の階段やスロープが軽自動車が入れる程度の幅に拡幅されました。軽自動車なら十分に通行できる幅が確保されています。

⬆元々は写真のようなイメージで、人またはバイクのみが通行できる程度の道でした。このような道路の拡張工事の情報も、市役所や自治体のHP等で確認することができます。

確認ポイント⑥【事故物件ではないか？】

安い物件を検索していると、「告知事項アリ」という注釈がついている物件があります。

いわゆる事故物件であることが多く、その家でどなたかが亡くなっていたり（自然死）、ときには自殺や他殺があった物件であることもあります。

私は自然死の物件は買ったことがあります。賃料を下げれば、気にせず住む人はいらっしゃいます。

一方、自殺や事件があった物件は紹介されたことはあっても、買ったことはありません。都会ならまだしも、長崎では他にも安い物件は出てくるのでわざわざワケありを買う必要はないという判断です。このあたりの考えは人それぞれかもしれません。

3 何のために投資するのか、購入前に気持ちと目線を固める

不動産投資をする際に大事なのは、「何のためにやるのか」「どのくらいの利回りを得たいのか」を明確にすることです。

世の中にたくさんの不動産投資手法がある中で、ボロ戸建投資をする理由は何なのか？　それを自分で理解しておく必要があります。

たとえば、3年で月のキャッシュフロー100万円を達成して、会社を辞めたいというような人には、現金でコツコツ資産を増やしていくボロ戸建投資よりも、どんどん借金をして、一棟物をスピーディに買っていくやり方の方があっているといえるでしょう。

自分の目的をクリアにしたら、次に色々なタイプの不動産投資の本を読んだり、セミナーに行ったりして、広く浅く知識を得ることが大事だと思います。

その中で、「今の自分にはこのやり方がぴったりだ」というものがあれば、それに絞り、一歩踏み出してみることです。

また、いくら投資して、どのくらいの利回りが欲しいかを決めておくことも肝心です。

岩崎さんのパートで、「利回り10％で高利回りだと思っていたから、長崎で利回り24％の物件を持っている人がいて驚いた。それ以来、自分も利回り15％以上を基準にしている」という言葉がありました。

利回り10％でいいと思えば、そういう物件しか買えません。

利回り15％欲しいと思えば、なんとかしてそういう物件を探そうとします。

ボロ戸建なら、利回り20％以上の物件も珍しくありません。

不動産会社の方も、相手に合わせて物件を紹介してきます。

ですから、自分の最低ラインを決めておくことは大切です。

軸がないと、他の人の成功例を聞くたびに惑わされて迷ってしまい、いつまでも前に進めませんので注意してください。

コラム

岩崎えりが経済的自由を果たすまでの軌跡

～高学歴プアの「研究者」から、資産2億円の「ママ投資家」になるまで～

このコラムでは大学の研究職員だった私が、不動産投資に興味を持ち中古アパート＆マンションを4棟買って資産2億円、家賃月収150万円以上になるまでの過程をご紹介していきます。

※本書でご紹介する内容は要約しています。詳しく知りたい方は2018年発売の前著『30代ママ、2ヵ月〝月収150万円〟大家さんになる！』岩崎えり／著（ごま書房新社）の1章、2章をご覧ください！

お嬢様学校で学び、「大学教授」を目指す！

私は長崎で生まれ、福岡で育ちました。サラリーマンの父（後に独立）、当時はまだ専業主婦の母、妹と弟の5人家族です。ごく普通のサラリーマン家庭ですが、両親は私たち子どもの「学び」に対して、時間と費用をたくさん使ってくれたと思います。

高校は九州各地から入学希望者が集まるお嬢様学校へ通わせてもらいながらも一般家庭だったので節約をする日々、大学は、神戸と東京で心理学を専攻しました。当時の私の夢は「大学教授」。それを目指して必死でキャリアを積んでいたのですが、研究職で安定的な収入を得るのは非常に難しく、「私が求めていたのはこの生活だったのか」と自問自答しました。

「金持ち父さん」を知りながらも「貧乏父さん」の道へ

私は高校の頃から「世の中にはどんな生き方があるのだろう？」ということを考えはじめ、色々な本を読むようになりました。

そのなかで大学生のときにロバート・キヨサキさんの『金持ち父さん貧乏父さん』（筑摩書房）と出会い、「こんな世界があるのか！」と、とても強烈な衝撃を受けました。とくに「お金のために働くのではなく、お金を働かせる」という言葉が深く胸に刻まれました。

今まで生きてきて、考えてみたこともなかったからです。そもそもお金とは、自分が働いて得られる報酬だと思っていました。

また、本田健さんの『ユダヤ人大富豪の教え』（大和書房）から「自分らしく生きることが幸せな人生を送るために一番大切なことである」という考え方に、理想とするライフスタイルを送りたかった私はとても感銘を受けました。

「どうにかして私もそっちの世界に行きたいなぁ」そんな風に思ったものの、まとまったお金がなければ実現できないのだろうと決めつけていました。

大学卒業後には大学院に進み、心理学についてより深く学ぶ道へ進みました。幼いころから「人を助ける仕事をしたい！」と考えていた私は、祖母が病気で入退院を繰り返していたので、最初はお医者さんになりたかったのです。

しかし、高校時代は医学に全くと言っていいほど興味をもてず、精神面で人を助けるカウンセラーになろうと考えたのです。

こうして夢を追いかけた私は、ロバート・キヨサキさんの教えを受けながらも、結果的に貧乏父さんへの道を進むことになりました。

不安定な生活のなか、不動産投資を知る！

私が強く「大家さんになりたい！」と思ったのは2013年、ちょうど結婚したタイミングでした。

それ以前に不動産投資の本を読んではいましたが、なぜこのタイミングで投資のスイッチが入ったかというと、そのとき私が働いている環境が、「非常勤の掛け持ちをする研究職」という不安定な状況だったからです。研究職において常勤ではない立場だった私の待遇はとても低いもので、いわば高学歴ワーキングプアのような経済状況でした。

当初はカウンセラーになろうと思い学部で4年間学びましたが、その間に臨床現場で使用するための理論や技法を研究する研究職に興味が増し、その後修士で2年、博士で3年勉強して博士課程在学中に「博士号」まで取りました。最短で博士号をとることで、修業期間が短くなりプラスになります。

いくつか研究発表もしていたので、ダメ元で常勤になるために就職活動をしました。「もしかしたら、どこかの研究所から常勤の仕事の声がかかるのでは」と淡い期待をしていたのですが、結果は全滅でした。

一応、母校である大学の研究所には勤めていましたが、とても食べていける状況ではなかったので、高校や専門学校の講師を掛け持ちして食いつないでおり、それでやっと年収230万円というありさまでした。

また、病気になって仕事を休むと、その分だけお給料は減ります。育休や産休なんてもちろんありません。育休や産休がとれる常勤になるまで待ってから子どもを産むとなると、かなりの高齢出産になる可能性もあります。そもそもいつそこのポジションになれるかもわからない・・・。

こんな暮らしや境遇を重ねていくうちに、「この生き方は自分には向いていないかも」

と気づきはじめました。そんなとき、ふとロバート・キヨサキさんの「金持ち父さん」の教えを思い出してきました。

お金を借りて不動産を買うことができる!?

私が「投資家」に路線変更するきっかけは、私の母と、私の知り合いの友人夫婦が不動産投資をはじめていたこともあります。

母は父の体調を悪くした時期にいろいろ調べて「日本政策金融公庫」でお金を借りて投資をはじめました。この時期は、私が自分の将来を見失っているときに、意気投合した夫と結婚を決めた時期でもありました。

前述の通り、年収が２３０万円の私が不動産なんて買えないと思っていたのですが、そんな時、友人夫婦から「夫婦の年収を合算させて世帯年収でもはじめられる」とアドバイスされて、「じゃあ、やってみよう」と思い立ったのです。

たくさんの不動産投資の本やセミナーを聞いていくうちに、１０００万円以下の現金や、さらに３００万円程度の元手でも、残りの資金は金融機関から融資をひいてアパートが買えるノウハウを知り衝撃を受けました。

ちょうど夫婦で結婚資金を貯めていたところでしたから貯蓄がありました。そして、子どもを産むまでに、「絶対に今私が稼いでいる分のキャッシュフローの仕組みを作る！」と決めてすぐに行動を開始しました。

まずは妻一人で活動スタート

しかし、不動産投資をはじめることを決意した当初、夫には反対されます。数千万円、場合によっては数億円の借金を背負ってリターンを得る不動産投資は、普通に考えると怖いと感じてしまうようです。そこで私は、妻である私の収入だけでなんとか不動産を購入しようとしていました。

しかも知識だけで頭でっかちになっており、「1棟目は大きなRC造でなければいけない！」と思い込んでいました。それは資産価値も下がりにくく融資が付きやすいと不動産投資のコミュニティの先輩方から聞いていたからです。

いま考えると無謀ですが、私の年収は230万円という低属性なのに、駅近の中古RC物件を希望していました。さらに、全国の政令指定都市にある利回り10％以上の物件のみを対象としてました。これも先輩方の受け売り通りです。

当然ながら属性と物件が見合っておらず、いくら不動産会社をまわっても「ご主人も連れて来てください」と門前払いされ、相手にしてもらえません。

知り合いが夫婦仲良く不動産投資をされ、成功している話などを聞くうちに、ついに私も、「夫婦で協力し合って不動産投資がしたい！」と心底思うようになり、主人に不動産投資の良さを理解してもらうことからはじめようと作戦を立てはじめました。

夫の理解を得て「夫婦投資」に路線変更

主人は理系で理論的に説明すると納得するタイプで、お金に対しては借金を絶対したくない、クレジットカードさえ作らないという考えの人でした。

また主人は、「家族のためではなく、自分自身が優雅な暮らしがしたい、仕事を辞めたいだけなのではないか？」「今の自分（夫）に不満を抱いているからではないのか？」という不安を抱いているような気がしました。

私は主人に不満があるわけではなく、「家族と共に楽しく過ごすために不動産投資をしたい」と伝えました。その想いを伝えたあとに収支のシミュレーションを見せて説明しました。

しかし、まだ数千万円の借金に対する不安

は消えなかったので、実際に不動産投資をして成功している人をお呼びして、具体的な数字を出しながら話をしてもらいました。

私のシミュレーションでも具体的な数字は見せていたのですが、やはり経験・成功をしている人から聞くのとでは受け止め方が違ったそうです。

そして、再度私は「あなたと将来はこうなりたい。けれど私一人の力だけではできないので協力をして欲しい」と改まってお願いをしました。このような説得を重ね、約4カ月かけて納得してもらいました。

最初は納得してくれただけで、あまり一緒に動いてはくれませんでした。

しかし、毎月のように貯まっていく家賃収入を、主人や主人のご両親に還元しだすと、かなり協力的に動いてくれるようになりました。

法人の決算の時期や大家さんの集まりに参加するときも子守をしてくれたり、物件視察に車を出してくれるようにもなりました。主人のおかげで、我が家は幸せな未来への道を歩めるようになりました。本当にいつも感謝しています。

【1棟目】念願の一棟目のアパートを購入!!

こうして私の1棟目の不動産物件を2014年の7月に、購入することになります。茨城県にある14部屋の中古アパートで、築24年の鉄骨造で間取りは1DK×8戸と2DK×6戸、価格は6600万円、利回りは10%という物件でした。

この物件の情報は、大家のコミュニティで流されるメールで知りました。

このときは物件が欲しくて欲しくてたまらない状況。この少し前、私は働きながら、最初の物件探しを続けていました。

購入に際しての最低条件として政令指定都市であること、入居づけしやすいポイントが高いこと（駅近だったり近くに学校やモールなどがある）、利回りは10％以上、融資はフルローンであることとしていたのですが、これをクリアした物件は片っ端から連絡していました。

不動産会社から紹介された物件を北海道まで見に行ったこともありました。でも、空室が目立っていたり入居者のマナーが悪かったり。また、ぜひ欲しいと思って打診したけれど、すでに先手を打たれていたりでなかなか買えない日々が続きました。

茨城県の物件は、そんな状況下でようやく買えそうな物件だったのです。

しかし、私以外にも物件を見たいと言っている人がいたため、私は情報を知った翌日に仕事の午後休をとり早急に物件を見に行くことにしました。

土地勘が全くなく、駅からも遠いので入居づけに不安はありましたが、近くにショッピングモールがあり、工場も多く建っていました。

車社会の地域だから駅から遠くても大丈夫であることなどから、入居づけのポイントが高いと判断しました。

また、このとき空室は1室のみで、半年は家賃補助が出るということも不安を軽減する要因となりました。

私は本当にド素人で知らないことが沢山ありました。そんな私の質問を素直に聞いていただける担当者さんだったというのも大きかったと思います。

今となっては直ぐにでも出せるようにコピーしていますが、契約をするときに提出する資料を揃えることが最初は大変でした。さらには確定申告すらしていなかったので、その申告をするところからのスタートだったのです。このとき、区役所へ何回足を運んだことやら・・・。

売買契約、金消契約のときはとても緊張していたのですが、同時に「やっと買える！」

という喜びが湧きました。

この１棟目は購入後にほぼトラブルはなかったのですが、大家としての力不足で一時期空室が目立ち返済ギリギリになってしまう月もありました。退去があった際、リフォームを実施したときは、床のクッションフロアの貼り替え、水回りの交換を行いました。新しいキッチン、洗面化粧台はプロパンガス屋さんからの支給です。ちょうど、このタイミングにプロパンガス屋さんを変更したこともあり、サービスしていただけました。

この空室経験のおかげで、最低限の大家としてスタート出来ました。おかげで現在は満室を維持できています！

【２棟目】
７室の空室に悩んだはじめての１億超え物件

ちょうど１棟目を購入しようとしているときに電話で魅力的な物件の連絡がきたのです。

その概要を聞いて、大阪まですぐに物件を見に行きました。

駅から徒歩１分のところにあり、近くにはスーパーや区役所、学校まであるので立地的には申し分ありません。大阪には住んだことがあったので土地勘もあります。サラリーマンを退職し独立した父の事務所が大阪にあり、妹夫婦も大阪在住でしたから、もし何かあっても通いやすいので便利だと思いました。物件を見てキレイで印象も良かったのですぐに買付をいれました。

この２棟目の購入は、１棟目を購入した同年の８月に、コミュニティで仲良くなった不動産会社さんからの紹介でした。

大阪市内にある築27年の重量鉄骨造マンションでした。価格は１億１５００万円、表面利回りは10％という物件です。間取りは１Ｋ×29戸で、購入時は１室だけが空室でした。

まさか自分が億単位もする価格の物件を購

入できるなんて信じられませんでした。お医者さんや士業の方など、高属性の方向けだと思っていたからです。でも、当時の私でも億の融資を受けられると、このときの不動産会社の女性社長がおっしゃって、とてもビックリしたのを覚えています。

実際、融資も無事に通り私は念願の2棟目を購入しました。

1億円以上の借金というのはすぐに現実として受け入れられないものです。当時の私も、借金の恐怖ではなく素直に将来が明るくなり嬉しいという気持ちでいっぱいでした。シミュレーションなどの数字上も問題なく、主人も問題視しておらず、私のやりたいようにやればいいと言ってくれていました。

問題だらけの管理会社で大家力を鍛えられる

しかし、この後で空室と利回りのガタ落ちに困ることになります。おかげさまで不動産賃貸業の経営者としてとても鍛えられました。

実は、購入前になかなか物件の詳細資料がもらえず、入居者のデータをもらう前に慌ただしく売買契約、金銭消費貸借契約(銀行との契約)となり、入居者について詳しく確認ができていなかったことが失敗のはじまりでした・・・。

まず、購入後2カ月後に1人退去者がでて、その後も1月に一人の割合で退去者が出て、1年も経たないうちに7室も空室になってしまいました。

しかも退去者が出たという連絡、広告費の相談すらなく、その管理会社は一向に動く気配はありません。家賃の振込額が少ないので、確認したら退去がわかった・・・というくらいずさんなものでした。この時、私の脳裏にはじめてキャッシュアウトの不安がよぎります。

2度ほど現地に行って話し合っても、この管理会社は何も動かず、ただ時が過ぎていくばかり。これは後にわかったことですが、退去の立ち合いもしていなかったようです。私もどう対応していいかわからず、10カ月後についに管理会社を変えることにしました。

新しい管理会社は、同じ地区に物件を所有している大家さん友だちから紹介してもらいました。この管理会社はフットワークが軽く、強力な客付け会社さんも紹介してくださいました。

管理会社を変えてから3カ月で満室になりました。床をクッションフロアにして白にしたり間接照明やイミテーションの観葉植物、それにラグを敷いたりして、内見した方が生活のイメージをつかみやすくしてもらえるように工夫しました。ちなみにリフォーム代がとても安いのも好感をもてました。

また、入居から2カ月の間は家賃を1万円にしたり、火災保険は家主負担にするキャンペーンなども設けたりしました。

これらは管理会社の方と相談をして決めましたが、以前の管理会社のずさんさがさらに浮彫になり、私は怒りに震えました!!　このように満室に向けて、精力的に動いてくれる管理会社を見つけることが大切だと思います。

【3棟目、4棟目】地元長崎で2棟の築古アパートを購入

詳しくは前著を読んでいただきたいのですが、紆余曲折をへて地方高利回り中古物件戦略から、場所を地縁のある長崎にかえ、長崎ドミナント戦略へと切り替えました。

3棟目となる物件は、2016年の6月に長崎県長崎市にある木造アパートを法人で購入しました。

こちらは築29年の木造で表面利回りが19・26％、価格は3000万円です。間取りは1K×16戸で、私がいつもお世話になっている不動産会社の担当者、長崎の生き字引ことシルバー

グレーのY氏が紹介してくださった物件です。

もう高齢であった売主さんが、「そろそろ物件を売ろうかな」と長崎でお世話になっている不動産会社のY氏にポツリと相談したものを、そのまま表に情報を出すこともなく私につないでくれたのです。

実は、当時娘を妊娠しており、出産後はすぐに動けなくなるだろうからと、かなりスピーディにことが進みました。

売主さんも、こんなに早く話が進展するとは予想もしてもいなかったようで、契約のときは名残惜しそうでした。私は、「しっかりと丁寧に管理させていただきます。いずれはお腹の中の娘にまで引き継がせるつもりです！」と宣言しました。

この物件の情報は出産のために里帰りをしていたタイミングにやってきました。

不動産業者のY氏からの連絡があり、福岡から長崎まで母に車を出してもらって物件視察に行き、当日に買付を入れました。金消契約のときは出産予定日、決済は6日後に本契約をしました。この時、まだ赤ちゃんは生まれていませんでした。本契約の1週間後にやっと生まれ、思い出に残るものとなりました。

物件視察のときはすでに妊娠後期。重いお腹を抱えながら急傾斜の階段を、ふぅふぅ息切れしながら登ったことは今でも覚えています。我ながらパワフル妊婦でした（笑）。

すでに買うことは決めていたので、物件の状態や周りの環境の把握のために視察しましたが、地図で見ていたとおり、大学が近くにありました。

その日は雨が降っており、玄関が水浸しになっていました。普段からもそのようで、そこの部分だけカビが多かったです。原因としては上の物件から水が流れてきて溜まっている状態でした。このようなことは雨が降らないと把握できないことなので、その日に行ってラッキーでした。

本来ならば、上の物件を所有している方に、こちらに雨水が流れないようにしてもらわないといけないのですが、いくら交渉をしても対応していただけなかったので、私の方で排水の工事を手配することになりました。

なにぶん築古でしたし、購入時に空室も2部屋あり、まとまった修繕費用がかかることがわかりました。

そこで最初からリフォームや手直しのことも踏まえて値段交渉をしています。

リフォーム内容は外壁塗装（階段や窓枠なども含む）、屋根の補修と塗装2棟分、足場組立費用、階段上まで機材や材料を上げる費用、床の補修張替え、ドアの補修、木の伐採、排水路の工事など全部含めて約500万円です。

物件価格は3000万円ですが、その分のリフォーム代も込みで3400万円の融資をしてもらいました。100万円は手出しといってもリフォームが終わった後の10月に支払いだったので実質的には貯まっていた家賃から支払いました。リフォームを含めると利回り17%（満室時）です。

この物件から法人で購入したのですが、理由としては事業化と節税に向けての両方です。個人では節税するにも限度があるため、また将来に向けて子どもへの相続のことも考えて法人にしました。この法人は、いずれ生まれた娘に引き継がせるつもりなので、法人名も娘にちなんだ名前にしました。

4棟目は、2018年に長崎市内にあり、なんと長崎駅から徒歩圏内のしかも平らな土地にあるアパートを購入しました。1DKが4部屋で木造の築40年（購入当時）と耐用年数越えでしたが、立地がとても良かったので融資がでました。1200万で頭金を3割近くいれ購入しました。長崎市内で平らな土地にあり、しかも長崎駅から徒歩圏内の物件がこの価格で購入できるのは、とても珍しいことで融資担当者さんからも驚かれました。

　この長崎の2棟のアパートは、借入期間15年の金利1・6%で、かなり優秀なキャッシュマシーンになっており、その割には不動産取得税や固定資産税がとても安く済んでいます。

　築古の木造アパートで融資が組めたら、最高に美味しいなと実感しています！

第2章

「ボロ戸建て」激安（5万円）購入【編】

2章 「岩崎えり」編

私が「5万円」戸建てを「利回り20%」超えで買った方法!

この章では、長崎のボロ物件投資に興味を持った私が、「5万円」の築古戸建てに出会い、長崎での物件調査を経て、購入するまでのストーリーを紹介します。

物件に続く長い階段、蔦の絡まる壁、汲み取り式のトイレ…。

どれも、最初はびっくりしましたが、長崎の賃貸需要を調べると、入居付けには何も問題がないとわかりました。先入観って怖いですね。

「5万円の物件なんて本当にあるの?」「たまたまで、再現性がない案件でしょう?」と思った方、本当にあります。再現性もあります。

その代わり、覚悟と勉強と行動力は必要です。

私の経験を、ぜひ参考にしてみてください。

1 「脇田さん! 物件価格情報、ひと桁間違えています(笑)」の戸建て情報キャッチまで!

長崎のボロ物件投資に興味を持った私は2018年に、脇田さんを顧問としたコミュニティ『長崎"激安中古戸建て"投資倶楽部』を立ち上げました！

・長崎"激安中古戸建て"投資倶楽部オフィシャルサイト
http://eri-iwasaki.net/nagasakiclub/index.html

嬉しいことにこの勉強会は評判となり、長崎の現地ツアーなども含め、1年目より年間10回以上の開催となりました。

また、自分自身も戸建て投資について興味と知識がどんどん高まっていくのを感じました！

・長崎市での賃貸市場は横ばいであるけれども、その中でも貸家やペットを飼いたい方向けの物件が足りていないこと。
・平地にある中心部のアパートやマンションと違い、階段や坂を使うことになるけれど、集合住宅より戸建てがいいというファミリー層が多くいること。
・戸建ての家賃相場は大体5万円であること、長崎市の生活保護受給水準が3人以上の家族で4万7千円、2人だと4万3千円、単身者だと3万6千円であること。

これらを徐々に理解していった私は、自分に娘がいることもあり、小さなお子さんがいるファミリー向けの戸建て投資がしたいなと思うようになりました。

そして、リフォーム費用込みで利回り15%を狙えるボロ物件を探し始めました。

長崎の物件情報に詳しい脇田さんにも、そのことを伝え、「いい物件があったら教えてください」とお願いしておきました。


いつものように娘を寝かしつけた後にメールのチェックをしていると、脇田さんからメールが届いていました。すると、そこには物件情報が!!

それは、長崎市の油木町にある戸建てでした。まず、とにかく値段にびっくりしました。

価格のところに「5万円」と書かれていたからです！

脇田さんが間違えて、「50万を5万円と書いちゃったのかも」と思いました。

そこで、すぐに脇田さんに電話をしました。

「脇田さん！　いただいた物件価格、ひと桁間違えていますよー（笑）」

「ん、5万円ですよね？　合っていますよ。高いですか？？」

間違いではなく、本当に5万円だったのです。

このように常識ではあり得ない不動産投資の「歪み」があるのが長崎市なのです。

すでに100戸近くボロ物件を持っている脇田さんですが、今も買い増しています。

「岩崎さんが買わないなら、僕が買います～」という脇田さんに詳細情報をうかがうと、階段立地ではあるものの、確実に賃貸需要があるエリアということがわかり、「買おう」と決めました。

そしてすぐに、長崎へ視察に行く準備を進めました。

2 ついに「5万円」戸建てとご対面

そして、待ちに待った戸建て視察の日がきました。

それは2019年2月の寒い日でした。

自宅のある横浜は晴れていましたが、長崎に到着すると雨がふっていました。

物件視察の日に雨がふると嫌な感じがしますが、雨漏りだったり、雨水のはけ具合だったり、雨の日にしか分からないこともあるので実はよかったりもします。


私は物件視察や銀行との金消契約に娘も連れていくようにしています。

なぜなら、いま物件を買い進めている法人をいずれ娘に引き継ぐ予定だからです。

ですので、娘には小さな頃から肌で何かしら感じておいて欲しいのです。

私自身は子どもの頃、勉強を頑張ってきたタイプで、博士号まで取得しました。

しかし、これからの世の中、学歴は全く関係ないと思います。

娘には、結果的に「高学歴ワーキングプア」になってしまった私のようになってほしくありません。

基礎学力は大切ですが、自分で生きていく力、稼ぐ力、お金との付き合い方が圧倒的に大切だと身をもって知りました。

そのため、娘にも自然と「お金に好かれる生き方」ができるように教育をしています。

今回の物件視察にも、娘を連れて行きました。子連れで荷物も多い中電車を乗り継ぐのは大変なので、空港バスを使用して羽田空港まで行きます。

羽田空港から飛行機に乗ると、約2時間で長崎空港に到着します。私はＡＮＡマイラーなので毎回ＡＮＡですが、ＪＡＬとソラシドエアも飛んでいます。成田空港からだとJETSTARとPeachもあります。

安いときは片道2千円で行けることもあるそうです。

長崎空港は実は長崎市内ではなく隣の大村市にあり、空港から長崎市内までは高速バスで50分〜1時間ほどかかります。

その日は私がお世話になっている銀行の担当者さんと支店長さんと会う約束をしていたので、まずは銀行へ向かいました。

銀行では私の法人の決算報告や今の融資状況について報告しました。

その後、脇田さんが車で銀行まで迎えに来てくださり、銀行から戸建てがある油木町に向かいました。

油木町は、良く言えば閑静な住宅街といった地域で、長崎市の中では科学館のプラネタリウムがあることで有名です。

そして油木町に到着すると、お目当ての戸建ては“長崎あるある”のハイパー階段立地物件でした。

車の中で眠ってしまった娘（体重12キロ）を抱っこしながら、100段以上の階段を登ると、全身の筋肉が悲鳴をあげました。

「なぜ抱っこひもをもって来なかったのか！」と何度も後悔しました（笑）。

しかし、長崎の皆さんはこのような場所にも当たり前のように住んでいらっしゃるのです。

腕がパンパンになりリタイアギリギリの時、やっと物件に到着しました！

5万円の物件は外壁の塗装がはがれ、蔦が壁一面に広がり、緑地化がすすんでいました（汗）。トイレは汲み取り式で、汲み取り式トイレの臭いを逃がすための臭突もありました。

なかなかのボロ物件で夜にいくとお化けでも出て

きそうな雰囲気でしたが、この時点では入居者さん（生活保護の方）がいたため、中を見られませんでした。

その後、入居者さんが退去し、脇田さんから物件の内部の写真が送られてきました。不動産会社の方が退去後すぐに行ったときは、写真のように散々だったそうです。前入居者さんが残したカップラーメンの容器が至る所に置かれ、しかも中の汁が放置されて黒くなっていたとか・・・。

片付けてくださった担当者さんには頭が上がりません（泣）。

3 長崎ボロ戸建て「えりぃハウス1号」を購入！

視察の後は脇田さんの事務所に移動して、買付証明書を書き、買付をいれました。再度「5万円」と書かれた書類を見て、「本当に5万円なんだ・・・！」と実感。もしかしてドッキリ？・・・という疑いの感情はここでようやく消えました（笑）。

さて、この物件は当然、そのまま貸し出すわけにはいきません。

「えりぃハウス1号」物件概要

物件種目	中古一戸建
所在地	長崎県長崎市
交通	最寄りバス停　徒歩5分
価格	5万円
間取り	4K
間取り内訳	和6帖／洋4.5帖／台所3帖／洋4.5帖／洋3帖
土地面積	128㎡
建物面積	46㎡
築年月	1966年
駐車場	近隣に月ぎめ駐車場アリ
備考	家賃想定／月60,000円／（年720,000円）
設備	プロパンガス

そして、購入する前に、リフォームにかかる費用や賃料を予測した上で、本当に買うかどうかを判断することが大切です。

私は脇田さんにアドバイスをもらいながら検討した結果、以下のリフォームを行うことにしました。

・家全体の清掃
・全ての洋室クロス張り替え
・脱衣所を作る
・トイレ取り替え
・和室を洋室にする　・・・ほか少々

※リフォームの進行や内容については第3章で詳しくご説明します。

○売買契約書

＿＿＿＿＿＿＿＿＿様

買付物件の表示

・物件所在地

・土地面積

・土地権利

・建物

上記物件を下記条項により買い付けますことを証明いたします。

（有効期限：平成　　年　　月　　日）


― 記 ―

購入希望価格

その他の条件

以上

平成　　年　　月　　日

買付人　住所＿＿＿＿＿＿＿＿＿＿＿＿＿＿

氏名＿＿＿＿＿＿＿＿＿＿＿＿＿＿印

○初期見積作成

見積書　工事内訳　　油木町戸建て

名　称	数量	単位	単価	金額(税込)	備　考
大工工事	1	式		¥1,400,000	材工共・材木込
床・壁・天井解体工事					ユニットバス代込み
間取り変更工事					
トイレ床解体					
和室 洋室化					
下地施工					
浴室解体・ユニットバス施工					
フローリング施工					
キッチンパネル施工					
新規流し台据え付け					
屋根工事	1	式		¥380,000	材工共
雨漏り箇所補修					
防水塗装					
電気工事	1	式		¥360,000	材工共
旧配線撤去					ダウンライトや照明等
新規配線工事					器具代金込み
器具取り付け工事					
水道工事	1	式		¥350,000	材工共
旧給排水管撤去					便器・シャンプードレッサー
新規給排水管布設工事					洗濯機パン・流し台等
水道器具取り付け工事					器具代金込み
内装工事					
クロス	1	式		¥344,000	材工共
ハウスクリーニング	1	式		¥46,000	
ゴミ出し	1	式		¥420,000	
収集運搬人件費					
ゴミ処分費					
合　計				3,300,000	

リフォーム総工費合計　330万円（予測）
（物件購入価格5万円＋諸費用）
実質利回り、約21％（想定）

初期見積もりも出してもらいました。

利回り20％を超えるならもちろん買いですね！

この後、売主さんのサインなどをもらった書類が自宅に郵送されてきました。これが決まれば次は売買契約です。

こちらは5万円ですので、仲介業者さんは入らずに個人間売買となります。

個人間売買は初めてだったのですが、契約書の作り方や司法書士の先生など全て脇田さんが紹介してくださったのでスムーズにできました。

この記念すべき長崎での戸建て第1号を「えりぃハウス1号」と名付けました！

最寄りの道路から200段近くの階段を上る必要があり、トイレは汲み取り式のボロ戸建てというなかなかクセの強い物件ですが、娘と同じくしっかり教育（リフォーム）して、きちんとお金を稼げる子に育てていきたいと思います♪

4 買う前に知っ得！ 不動産投資の保険加入

1）将来のリスクに備えて必ず保険に入る

さて、物件を買ったらすぐにやることがあります。

それは保険への加入です。融資を使って物件を買う場合、金融機関から保険への加入をお願いされるので忘れることはないのですが、現金で買うと自己責任になることが多く、つい後回しにしたり忘れたりしてしまいがちです。

実際の話、物件を購入するときは買付順となることが多く、バタバタの駆け足状態となります。

いざ購入の時点で、「どの保険に入ろうかしら」と決めるのは正直、初心者の方には難しく、担当の不動産会社の営業さんに、「これにしましょう！」「これ入っておけば大丈夫です、後で追加もできますから！」とお任せになってしまうケースが多いのが実態です。

ただし、このやり方ですと不十分なことも多いようです。実際に、自然災害などの被害を受けて、「あーこの保険入っておけば助かったのに・・・」と後悔する方もたくさん見てきました。

特に今は、過去に例のない自然災害がいつ起こってもおかしくない時代ですので・・・。

脇田さんの大阪の物件も、大きな台風の直撃で庭の木が倒れ、エントランスの窓ガラスが割れて突風が吹き込み、さらにベランダの敷居や庭の囲いが壊れたことがあったそうです（脇田さんはしっかり保険に入っていたので全ての修繕費は保険で取り戻せたそうです）。

また、保険の知識があれば、「あ、この程度の問題なら、数年後に何かあっても保険で直せるな」などの予測が立ち、ボロ物件の許容範囲も広がります。

そういう面からも、購入時点の検討ではなく、物件選びの段階で保険についての知識をつけておくことも大切です。

2）不動産投資の保険の種類

ここからは、私が自分の物件で入っている保険や、脇田さんに聞いて入ったボロ物件投資に必須な保険について紹介します。

私は、全ての物件で、購入と同時に保険には必ず加入しています。（ここでは便宜上、全労済や都道府県民共済が提供する「共済」についても、民間の損保に合わせて「保険」と表記します）。

火災保険、地震保険は経費として使えるので節税対策にもなるのです。

◆火災保険

火災保険については、とくに説明の必要はないと思います。民間の損害保険会社か全労済や都道府県民共済などが検討対象になります。

全労災と都道府県民共済は、保険料が3割程度割安（全労済は最初から安く、都道府県民共済は後で戻ってくる）ですが、民間の損保の方が補償内容が充実している場合が多いようです。私は民間の損害保険に入っています。

古い物件では、破損や汚損の特約はつけた方が無難です。この破損と汚損は保険会社によって、支払い限度があるため確認した方がよいでしょう。

火災保険は知識次第でとても使えます。以前、台風の影響で長崎のアパートの屋根にひびが入ってしまい大掛かりな工事をしたのですが、そのときの費用も火災保険でおり、お見舞金までいただきました。

去年は千葉の被害がクローズアップされましたが、長崎も台風がよく通る町ですので、保険で備えることはとても重要です。

◆地震保険

私は火災保険だけでなく、地震保険にも加入しています。

地震によって起こった建物の損害や火災による損害は、火災保険では補償の対象になりません。

どんなにボロい物件でも、地震の被害があると認められれば補償は受けられます。

「この地域は地震が少ないエリアだから大丈夫」とか「新耐震の建物だから問題ない」という考えは捨てて、加入することをおすすめします。

◆建物賠償責任保険

これは「施設賠償責任保険」ともいい、建物を管理するオーナーの管理不足によって賠償責任が発生した場合に適用される保険です。

これは私の知り合いの大家さんの話ですが、物件を購入したときにエアコンがそのまま ついていたため、残置物扱いで、その後入ってくれた入居者さんに「このエアコンは備品ではないので、故障しても修理しない。それでもいいならこのままつけておく」と伝えたそうです。

ところが、不運にもそのエアコンが落下して、入居者さんに当たってしまい、「仕事に行けないから20日間の休業補償をだしてくれ」と、27万円の請求がきたそうです。

病院の診断書もついていたので、彼女はその金額を自腹で支払いました。これを私の保険の担当者にきいたところ、保険で賄えるということでした。

中古物件投資を行う際に懸念されることのひとつに、「建物の老朽化」によって、入居者さんや周りの方への賠償責任を負うことがあります。

これが保険でリスクヘッジできるのは大きな魅力だと思います。

保険会社によって異なるものの、通常はとても安く、年額3千円程度で入れます。

活用しない手はないと思います。

※本書の記載は一例です。詳細は各保険会社へ問い合わせて下さい。

2章「脇田雄太」編
ボロ物件投資初心者が成功するための物件購入のコツ！

この章では、買っていい物件とそうでない物件の見分け方や買い付けの入れ方など、実際にボロ物件を購入する際に必要なコツを紹介します。

激安で買える物件の多くは、長く空き家だったものです。見た目は、相当傷んでいることが大半ですが、ここでビビッてはいけません。

リフォームで、たいていのことはなんとかなります。

収支を計算し、自分のシミュレーションの中で抑えるべきところを抑えたら、勇気を持って買い付けを入れましょう。

1 どんな物件を買うのか

私が買っているのはすべて中古のボロ物件ですが、予算により購入できる物件の種別や規模は変わってきます。

種別でいうと戸建て、アパート、マンション、区分、何でもありです。築年数は30年～40年くらいが最も多いですが、中には築50年を超えるものや築年数不詳というものもあります。

それでも、リフォーム後は、きちんと入居者さんがついています。

そういう意味で、ボロさや古さというのは、あまり関係ありません。

何よりも大切なのは、賃貸需要のある「立地」だと考えてください。

気になる物件を見つけたら、その物件について、「このくらいのレベルまでリフォームをした場合にいくらで貸せるか」、という事を地元の賃貸仲介さんにヒアリングします。

回答を得られたら、想定賃料の平均値ではなく、「最も低い数字」を元に計算し、欲しい利回りをクリアできそうなら検討します。

しかし、ボロ物件でも立地の良いものや、ある程度の資産性を有するようなものは、利回りがある程度下がっても、検討してもいいと思います。

逆に、私が買わないボロ物件とは、①価格が高くて目指す利回りを得られない物件、

②賃貸需要がない物件です。

ただ、「安いから」という理由で購入すると、お金をドブに捨てることにもなりかねません。

そういう意味で、初心者の方がボロ物件投資をする場合は、まったく知らないエリアよりも、昔住んでいた場所だとか、親戚が住んでいるなど、自分の知っているところが理想的です。

かといって、知らない場所は絶対にダメかというと、そんなこともありません。現地に足を運び、そのエリアの賃貸物件の空室率を調べたり、複数の不動産会社の人に賃貸需要をヒアリングしたりすることで、大きな失敗をすることは防げるでしょう。

私自身、長崎のことは投資を始めるまでは何も知りませんでした。

それでも、「チャンスがある」と思えたので、物件を買い始めたのです。

2 物件情報の入手方法

どうやって物件を探すのかという質問をよく受けます。

特別な方法はありません。当たり前の事を何回も繰り返しやる、それだけです。

基本はネットで探すことです。岩崎さんも書かれていましたが、不動産投資の専門サイトで、長崎の戸建てとアパートを検索してみると、安い順にズラッと物件が並びます。

その中から、ドンピシャでも惜しい物件でもいいので、希望に近い条件のものが見つかったら、その売買仲介さんに連絡を取り、会いに行きます。

知り合いの営業さんに聞いた話ですが、物件をネットにあげると、「資料を送ってください」という連絡がたくさん入るのですが、それで終わりの人が大半で、実際に会いにくる人は2割もいないそうです。

だからこそ、現地まで会いに行き、関係を深め、その後につなげるのです。

不動産投資歴の長い方は、空き家の謄本を上げて、売主さんに「売っていただけませんか」とお手紙を出すといったやり方もあります。

過去には、物件を売ってくれた方や、お付き合いのある職人さんから、「実は私の友人の空き家を買ってほしいのですが…」と紹介されたことも何度もありました。

この辺りの話は私の著書である『〝5万円〟以下の「ボロ戸建て」で、今すぐはじめる不動産投資！』でも紹介していますので、よかったら読んでみてください。

3 指値を入れる

現場に行ったら、私は物件をチェックすると同時に、来てくれた不動産会社の方に必ず、次のことを聞いています。

・売主さんはどんな人ですか
・売り出しの理由はなんですか
・物件の良い所、悪い所はなんですか
・賃貸に出すとしたら何をやった方がいいと思いますか
・想定賃料はいくらですか

こうして得られた情報に加えて、前に書いた近隣の不動産賃貸業者の意見も考慮し、買うかやめるか、買うならいくらで指値を入れるかを決めていきます。（リフォーム代込みで利回り20％など）。

指値を入れる場合は、まず、どのくらいまで下がりそうなのかを仲介業者さんにきいてみます。そこで、高い価格を伝えられたら、「申し訳ないのですが、私の基準では〇〇〇万円です」というように自分の基準を伝えます。

その上で、「今回は厳しそうですが、また物件が出たら教えてください」と伝えます。私はそういうとき、「今日はお時間をいただき、ありがとうございました」と言って、帰りのガソリン代を包んで渡しています。

よく、「毎回、指値を入れるのでしょう?」と言われるのですが、半分くらいは提示された価格で買っています。指値を入れるのは半数くらいということです。

ちなみに、指値を入れる場合も8割方は通っています。

これは、同じエリアで何度もボロ物件を買っているので、「この人は安い物件を買う人だ」と認知されて、安い物件や値段が下がりそうな物件を仲介業者さんに紹介してもらえるようになったからです。

最初は自分を理解してくれる業者さんに出会えず、なかなか思うように買うことができないかもしれません。

しかし、買えば買うほど買いやすくなるので、粘り強く続けることが大事です。

第3章

「ボロ戸建て」ビューティー（ピカピカ）リフォーム【編】

3章「岩崎えり」編

初心者が知っておくべき「ボロ戸建て」リフォームの流れと、知っておくと「得する」知識！

激安で購入した戸建てですが、そのままでは賃貸物件として貸し出せません。次は入居者さんが安心して住めるように、リフォームをすることになります。

本章では、私が出来る限り費用を抑えつつ、この先10年以上貸し出せるようにリフォームを進めた過程を説明します。

ポイントは以下の2つ。

①地方（長崎）では圧倒的に見栄えが良い競争力のある内装

②長い目で見てコストダウンになるリフォーム

ぜひ皆さんのリフォーム時の参考にしてください。

1 まずはリフォーム計画を練る！

なんでもそうですが、行き当たりばったりでは進みません。

そこで、リフォームを始める前に脇田さんと一緒に作戦会議をおこないました。

○リフォーム箇所の検討

○Before&Afterの間取り図を作る

○おまかなリフォームスケジュール

特に驚いたのは、脇田さんからの一言！

「なにかこだわりたいことや、こんな雰囲気にしたいなどありますか？」

○リフォーム箇所の検討

・残置物撤去
・屋根の瓦を塗り替える
・外壁の蔦を除去し剥げているところを塗りなおす
・入口はほぼ変えないが壁にアクセントクロスを貼る
・廊下を白い幅の広いフローリングにする
・リビングは畳をすべてフローリングにして仕切りをなくす
・和式の汲み取り式トイレを洋式の簡易水洗トイレに
・水回りのものを全て新しいものに取り換える
・脱衣所がなかったので作る

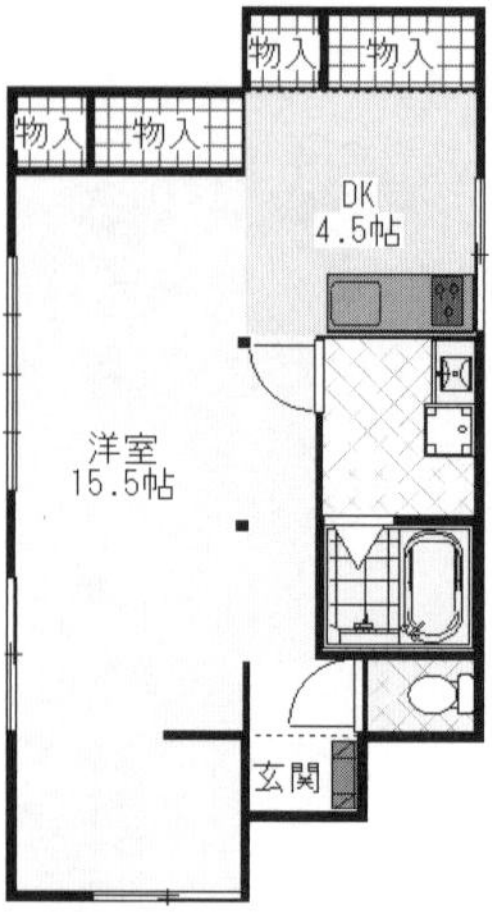

After

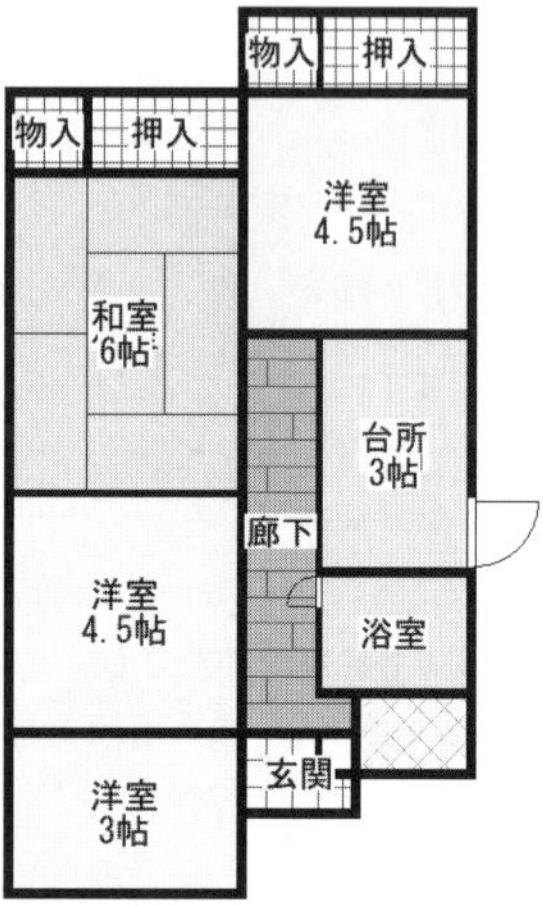

Before

○おおまかなリフォームスケジュール

●インフラ関係の調査
●解体
●大工さんをいれて骨組みを作る
●間取りを作る
●問屋さんとのやり取り
●大工さんの工事開始
●水道や電気を通す
●クロス決め

以前、大学の近くにあるアパートでちょっと奇抜でおしゃれなクロスを使うなど、そこに住むであろう入居者さんを想定してリフォームをしたことはありましたが、徹底的にコンセプトを決めてリフォームをしたことはなかったので新鮮でした。

前の章でも書きましたが、私は「子育て世代のファミリーが暮らす家」にしたかったので、明るいリビングや使いやすい水回りを目指すことにしました。

2 私の戸建てリフォーム「12のポイント」！

ここからは、私の戸建てリフォームから、12カ所のビフォー&アフターをご紹介していきます。約半年かかりましたが、ボロ戸建てだったとは信じられないきれいな家に生まれ変わりました♪

特に、1）残置物撤去、4）玄関の壁のアクセントクロス、7）畳を洋室化してリビングを広げる、9）脱衣所の新設、10）お風呂をユニットバスへ変更の部分は必見です！

1）残置物撤去

リフォーム計画表通り、まずは物件の残置物撤去から始めることにしました。

最初は写真のように荒れた状態でしたが、残置物を撤去したら、すっきりしました。古いふすまの扉なども一緒に撤去・処分してもらいました。

Before

After

2）蔦の除去

最初の物件視察のとき、壁一面に蔦がはびこっていて驚きました（汗）
これについては、コスト削減のため、私も長崎に出向いてお手伝いをしました。
ちょくちょく庭仕事などはしているのですが、レベルが違い、正直、かなり大変でした・・・。
ツタを取って壁が現れると、家が若返った気がしました。

Before

After

3）屋根の瓦と外壁塗装

屋根瓦と、剥げていた外壁の塗装も行いました。

屋根瓦や外壁を塗装するのは、見た目を綺麗にする意味が大きいですが、同時に、家を長持ちさせるという意義もあります。

ペンキは色をつけるだけでなく、建物を守る役割もあるため、台風による雨漏り等も防止できます。

この時、塗装をケチることで、工事費を落とすことも可能です。しかし、長期的に考えると家の耐久性をあげた方が安定した賃貸運営ができるので、私はしっかりと塗装する方を選びました。

仕上がったものをみると、とても丁寧に塗装されており、10年はしっかりともちそうでした。

Before

After

4）玄関の壁のアクセントクロス

玄関は比較的きれいだったので、入ってすぐ左にあった用途不明の扉を取って壁を作り、その一面にアクセントクロスを貼るだけで済ませました。

薄暗い感じだったので、明るい色のクロスを選び、イメージアップを図りました。

また、雨漏りの跡が見つかったので、そちらも修繕をすると雰囲気がパッと変わりました。

玄関は「家の顔」的な存在です。明るい雰囲気を演出するのはとても効果的だと思います♪

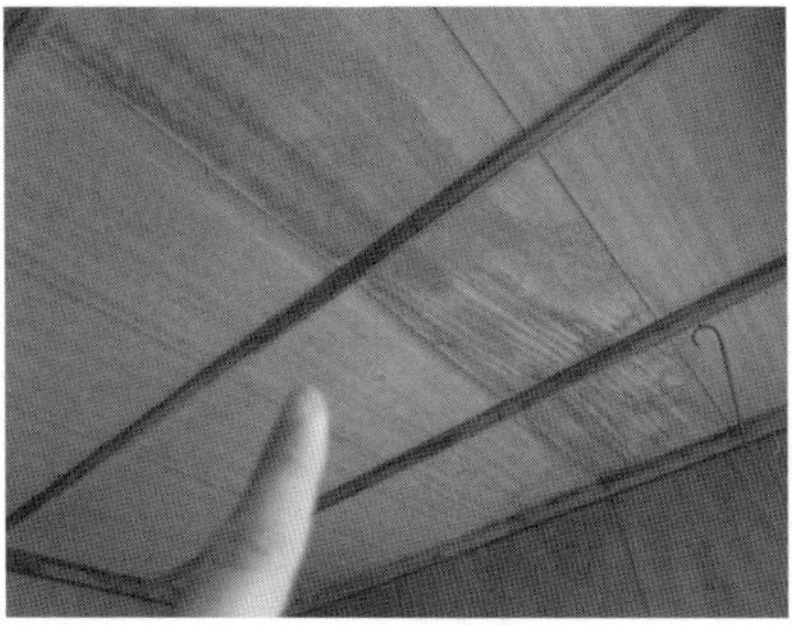

Before

After

5）玄関の軒の屋根を塗りなおす

玄関の軒の屋根は傷みがありましたが、最初はコスト削減のため、リフォームはしないつもりでした。

しかし、屋根瓦と外壁塗装をした後に見てみると、そこだけビンテージ感丸出しでバランスが悪かったため、屋根瓦の色と合わせて塗ってもらいました。

統一感を出すとパリッと見えます！

塗装後は見た目も良くなり、耐久性も上がりました！

Before

After

6）廊下を幅の広いフローリングにする

廊下の床は傷んでいたので、リビングと同じ白色の幅広のフローリングに張り替えてもらいました。白は膨張色なので空間を広く見せたいときは効果的です。

使用したのは脇田さんのおすすめの床材で、脇田さんの著書『〝5万円〟以下の「ボロ戸建て」で、今すぐはじめる不動産投資！』で紹介されていたものです。

「現在はこのような幅広の白色系のものが清潔感もあり人気」とあったので、こちらを選びました。

Before

After

7）リビングの畳をフローリングに替えて仕切りをなくす

リビングの写真を最初に見たときは、残置物とゴミがすごかったです・・・。

それを全部撤去してもらい、和室の部分を洋室にし、仕切りも全て取り除きました。開放感が出て、広くなった気がしました♪

また、玄関から見えるリビングの一番奥の真ん中の壁に、アクセントクロスを貼りました。

これは私のこだわりで、布のように見えるちょっと面白いクロスを選びました。

Before

After

8）和式の汲み取り式トイレを洋式の簡易水洗トイレに

この家のトイレは和式の汲み取り式でした。

最初は下水を引いて水洗にするつもりでしたが、確認したところ、物件の近くまで下水道が引かれていなかったため、簡易水洗にしました。

洋式便器を置くと、普通の水洗に見えます。今の簡易水洗の技術は凄いです！

Before

After

9）脱衣所がなかったので作る

こちらの物件には脱衣所がありませんでした。

以前の入居者さんは一人暮らしだったので、それで大丈夫だったのでしょう。しかし、今回はファミリーを想定してリフォームをするため、脱衣所は必須！

ということで、元々はキッチンがあったところに脱衣所を作ってもらいました。

シャンプードレッサーも設置し、その横に洗濯機置き場も作りました。洗濯機置き場の横にはタオルや着替えなどが入れられる棚などをおけるようにスペースも作りました。

ママ目線で、シャンプードレッサーは赤ちゃんの沐浴や、幼児がお漏らしをしたときにさっとお尻を洗えるように、広めの洗面ボウルのものをチョイスしました。

脇田さんのおすすめで、「幅750ミリ以上」のものを選びました。

Before

After

10）古いお風呂をユニットバスへ

もともとのお風呂はタイル張りで、かなり年期の入った昭和っぽい作りでした。

そして、お風呂の横に小さな洗面台があり、窓もついていました。

さすがにこの年期の入った浴室を再利用するのは厳しいので、古いお風呂は撤去し、窓をなくして新しいユニットバスを入れました。

今回、コストは抑えながらも水回りは全て取り替えるということをリフォームの打ち合わせのときに決めました。

「ボロ物件を再生していく上で、水回りを競合物件とくらべて魅力的に仕上げることがとても大切」であると脇田さんから教わったため、ここは大胆に直しました。

Before

After

11）キッチンは新たに移動して設置

前のキッチンは劣化が激しく、水漏れなどを起こしそうだったので、撤去して新しいキッチンを設置しました。場所も変更しました。

料理をしやすいように2口コンロが置けて、料理の具材を切るスペースもあるキッチンを選びました。

色は部屋の雰囲気にあわせて、また清潔感も考慮して白色にしましたが、インパクトをつけるために色がついたものもオシャレだと思います。

キッチンは女性が特に気にする場所ですので、きちんと手を加えることをお勧めします！

Before

After

以上、私のボロ戸建てリフォームはいかがだったでしょうか！

合計6回、現地（長崎）に行ってお手伝いや確認などをしました。これで10年は入居者さんからのクレームや余計な追加リフォーム費用を考えずに済みます。

最終的な利回りはリフォーム費用を含めても20％以上を見込んでいます。

もし売却する場合もこの利回りなら十分に売れるでしょうから、投資効率としてはよい案件ではないでしょうか。

3 地方でのリフォーム業者さんの探し方！

ここからは、私が今回のことで学んだノウハウをお伝えします。

ボロ物件を購入したあとは、リフォームをすることになりますが、このリフォーム業者の選定が「キモ」となってきます。

安い方がいいのは当然ですが、安くしすぎると質が落ちてしまい、最初は安く済んでラッキー♪　と思っても、後からトラブルが発生してかえって高くつくということもあるからです。

では、低コストでしっかりとリフォームを行うために、どんな点に注意したらいいでしょうか？

1）リフォームを頼む先

ひとくちにリフォーム業者といっても、地元の小さな工務店からハウスメーカーの大手まで様々です。それぞれの特徴を紹介します。

●ハウスメーカー・デベロッパーなどの大手建設業者

大々的に広告を出しており、目につきやすいのが特徴です。

ネームバリューがあるため質もある程度保たれるという安心感があり、大規模な増改築にも対応できますが、広告費や営業費や中間マージン等が発生するため、コストは高くなります。

●工務店

実際に現場で工事をする職人を取りまとめ、工事に必要な設備品の選定や発注を行うなど、工事全体を管理して完成させるのが工務店の役目です。

ハウスメーカーにリフォームを依頼したとしても、実際にリフォーム工事全体を行

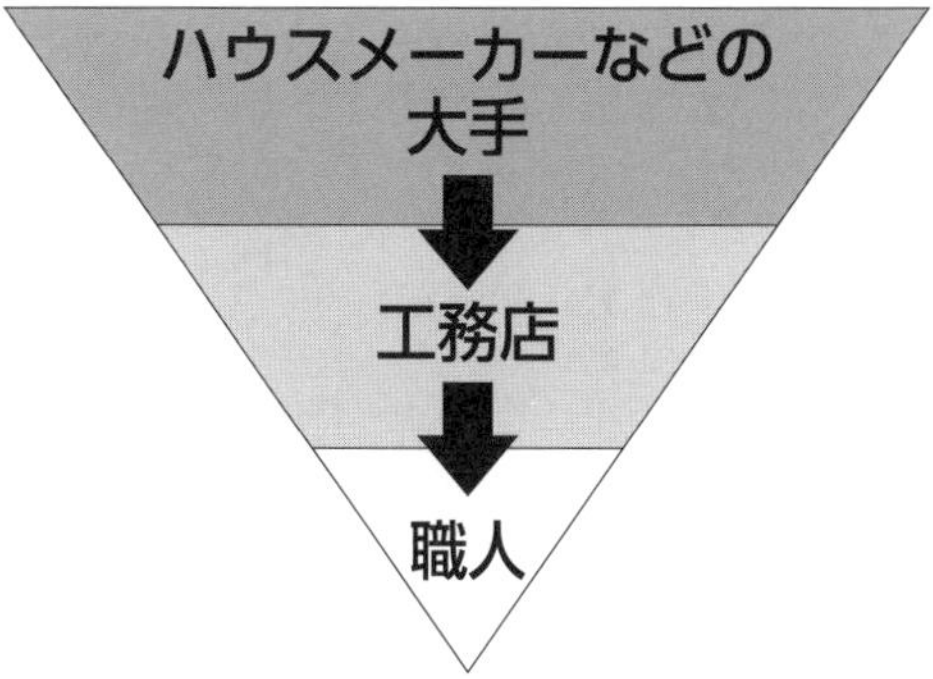

うのは工務店になります。

腕の良い職人を抱えているところが質の良い工務店と言えますが、外からだと分かりにくい部分もあります。地元密着型のところが多く、ＣＭ等の広告も出していないため、ネットなどで自分で探す必要があります。

●職人

職人に直接工事を頼むと材料費と日当しか費用は発生しないため、コストを一番安く抑えられます。しかし、質にかなり差があるので、腕のいい職人を自力で発掘することがカギとなります。

さらに職人にも、大工、電気工事、塗装というようにジャンルがあるため、リフォーム内容によって違う職人さんに発注する必要があります。

きちんとしたマニュアルやシステムがあるわけではないので、間違いなく工事をしてもらうには、職人さんとの信頼関係を作ることが大切であり、そこに至るまでは地道な労力が必要となります。


この他に、簡単な作業なら自分でＤＩＹをするという手もありますが、物件が遠方の場合は難しい話です。また、時間と労力もかかります。

素人がやることでその後のトラブルが発生しやすいというデメリットもあります。

管理会社に発注することも可能ですが、価格はどうしても上がります。

このような複数の選択肢の中から、自分がかけられる労力やコストに見合ったやり方を選びましょう。


どこに頼むかを決めたら、複数のところに相見積もりをお願いします。

相見積もりをとったら、価格を基準に候補をピックアップして、その会社のリフォームの実績を教えてもらいます。

できれば実際に手掛けた物件や、工事中の現場をみせてもらいましょう。

最終的な判断は人それぞれですが、価格や実績だけでなく、メールの返信の速さや、担当者とのフィーリングが合うかも私は大切だと思います。

2）岩崎流リフォーム会社の探し方

「ボロ戸建て　えりぃハウス」の前に、長崎で初めての中古アパート1棟目を購入したときは、まだ長崎のリフォーム会社さんには何もつてがない状態でした。

試しに、長崎市内や近隣の業者に見積もりを頼んだら、福岡から業者を呼んだ方が安いよという見積もりが出てきました（汗）。

この理由ですが、長崎は階段や坂が多く、そのため「上げ賃」という普通なら目にしないような費用がかかってくるのです。（階段の段数が多すぎると断られるケースも少なくありません）。

それにしても高いと思ったので、発注を迷っていたところ、たまたま空室になった部屋の掃除を頼んだ清掃業者の方が、仕事が丁寧で価格も高くなかったため、リフォームができる知り合いの方の紹介を依頼してみました。

「類は友を呼ぶ」というのは心理学的にも類似性の法則といって証明されており、仕事が丁寧な方の周りには丁寧な人が集まるのではと考えたのです。

そしてその時に紹介していただいた方に、今もお願いしています。

その方は、お子さんがいらっしゃるのですが、そのお子さんが病気をかかえており、治療費を稼ぐためにどんな仕事でも引き受けるというスタンスで働いておられます。

私も子を持つ親なのでそういった部分もとても尊敬しており、良い関係が築けています。

【ウワサで聞いた！　初心者さんの失敗話～【リフォーム編】

「顧客ターゲットの設定を失敗してしまったWさん」

Wさんは、地方で戸建てを購入された際、ファミリー物件の需要はどこにでもあるだろうと考え、ファミリー向けのリフォームを行ったそうです。

ところが、募集を始めて一年以上も入居者が決まりませんでした。

その後、やっと申し込みが入ったのですが、入居を希望されたのは老夫婦で、ユニバーサルデザインにしてほしいという要望があり、追加でリフォーム費用がかかってしまったそうです。

後でわかったのですが、そこはあまりファミリー層が住むエリアではなかったのです。

これは、物件エリアの状況に沿った顧客ターゲット設定ができていないため起こってしまったことですね。最初にちゃんと現地調査をすることってかなり大切です。

よく「リフォームってどうやったらいいのでしょうか？」というざっくりとし質問をいただくのですが（笑）、自分の考えだけでなく、まずは現地調査をしっかりと行うことが大切です。

物件を買う前に、どういう人たちが住んでどのような家賃設定をするのか、そしてその顧客ターゲットにあったリフォームをするというプランをたてた方がいいですね。

失敗しない損しない！"ワッキー流"戸建てリフォーム「徹底ポイント」「使用部材」公開！

リフォームにいくらかけるかは、その人の戦略によります。

私は初期の頃は、自分で出来る箇所はセルフリフォーム（DIY）や施主支給を駆使して、可能な限りリフォーム費を減らしていました。

しかし、現在は現場の職人を直接雇用し、最初にしっかりとお金をかけて直す方向にチェンジしました。その方が入居者からのクレームや追加工事が減り、長い目で見た時の修繕費を抑えられるとわかったからです。

最近は、まったくリフォームをせず安く貸す手法も注目されていますが、「どんな人に住んでほしいのか」によって、正解は変わってきます。

「今の自分」としてどこを選ぶのが最も投資としてメリットがあるのか。その視点を持って、リフォームを行うことが大切です。

1 リフォームの前に、まず入居者マーケティングを行う

リフォームを行う前に、どんな人に物件を借りてもらうかを想定し、それに合ったリフォーム計画を立てるようにしましょう。

このとき、ターゲットとなる入居者像をイメージせずに漠然とリフォームをすると、「ずっと入居が決まらない」「リフォーム費用が高くつく」というようなことになりかねません。

それを防ぐために、リフォームの前にターゲットを絞るのです。

人気の小学校があるエリアなら、「子育て世代のファミリー」をターゲットにする、狭い物件は「単身者」に絞る、安い物件は「生活保護の方」をメインにするなど、エリアや物件の特徴によって、様々なターゲットが考えられます。

結果的にターゲットと異なる入居者から申し込みが入ることもありますが、それでも、事前のマーケティングは重要です。

それがリフォームの計画を立てるときの軸になります。地元に詳しい管理会社さん等と相談しながら、決めてみてください。

2 間取りを組み替える

通常、物件を購入したら、元の間取りのままでリフォームをする人が多いと思います。例えば、4世帯のアパートを購入したら4世帯のままでリフォームを行いますし、1世帯の戸建なら1世帯のまま活用することがほとんどです。

しかし、私や私の周りのボロ物件投資家は、購入後に大掛かりなリフォームをすることが多く、その際に間取りを変更することもよくあります。

例えば先日、私の知人が買った物件で、外観は4～6世帯程度の木造アパートに見えるけれど、実際は約10世帯ほどの下宿だったという物件がありました。

金額が極端に低かったため購入したのですが、現在では下宿の需要もシェアハウスの需要もない立地でした。

そうなると、水回りが一つしかないこの物件をそのまま再生しても、使い道がありません。

そこで、3戸のアパートとして再生することにしました。水道・電気・ガスの3世帯個別引き込みの手続きから、各世帯へのユニットバス等の水回り設備の設置、追加する世帯への玄関扉の新設などを行いました。格安で買っているため、これだけのリフォームをしても、十分な利回りを確保できました。

初心者さんの中には、「間取りは変えられない」という思い込みを持っている方がいますが、そんなことはありません。

収支が合えばという前提ですが、常にマーケットのニーズを理解し、時代に合わせた賃貸物件を提供していくことで、長期に渡り、利益を上げていくことができるのです。

逆に言うと、そこまでやっても収支が合う物件を、私は買うようにしています。

3 入居付けに直結する水回りのリフォームのコツ

「水回り」とは、流し台や浴室・トイレ・洗面台・洗濯機置き場等のことです。

水回りは他の箇所に比べて、下記のような特徴があります。

・湿気が多く傷みやすい（特に築20年を超えた超激安物件では）
・設備機器の機能上・見た目上の寿命が短く定期的な入れ替えが必要

中古物件を買って、再生していくためには、格安物件といえども、この「水回り」をいかに競合物件と比較して魅力的に仕上げるかが重要となります。

1）洗面台

リフォームを考えている部屋の洗面台が幅600ミリ以下の場合、幅750ミリ以上のシャンプードレッサーに変更することをおすすめします。

おすすめはパナソニック製の750ミリ幅のシャンプードレッサーです。水道屋さん、または設備屋さんにお願いすれば、洗面台単体の設置でも依頼に応じてくれます。取り付け工賃は、既存の配管を流用できる場合数千円程度で、産廃処分は3千円くらいです。

2）洗濯機置き場

室内に洗濯機置き場がない場合には、室内に新設することをおすすめします。場所さえ確保できれば、洗濯機パン自体の価格は数千円で済みます。

3）浴室

ボロ物件の場合、浴室がユニットバスではなく、旧式の在来工法であることがほとんどだと思います。

リフォームでは、水栓金具をシャワーとサーモスタットの付いたタイプの混合水栓に交換すると良いでしょう。

必要に応じて、割れたタイルの補修や交換、目地のコーキング再施工、浴槽の再塗装、もしくは交換を行うことでピカピカに生まれ変わります。「シャワーフック」や「浴室鏡」「浴槽のふた」等の小物も必ず新品に交換してください。

4）トイレ

最初から洋式便器が導入されている場合は、トイレ内の床や壁をリフォームするタイミングで、「便座と便座のふた」「ロータンク手洗い金具」「ロータンクレバーハンドル」「トイレットペーパーホルダー」「タオル掛け」を状態に応じて、新しいものと交換するとイメージを一新できます。

給排水管職人さんへ依頼すれば1時間未満で施工しても

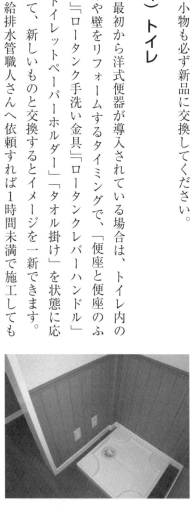

らえます。

和式便器の場合は、洋式便器への入れ替えを強くおすすめします。

便器は、トイレ内の面積が狭い場合は、TOTOから発売されている「和式トイレからの取り替え用に設計された洋式便器セット」(5万円前後)を、通常のスペースが確保できる場合は通常のリフォーム用洋式便器(4万円前後)を購入すると良いでしょう。

取り付け工事は、大工仕事、配管工事、仕上げのクロス・クッションフロア施工、産廃処分というふうに、複数の職人さんにお願いする必要があるため、便器代別で最低でも5万円程度かかると思います。

5) 流し台

流し台は、基本的に交換することをおすすめします。

公団用の汎用品であれば「幅1700ミリ×奥行550ミリ」のものが、ヤフーオークションや楽天等で3万円程度で販売されています。

混合水栓とお湯の出るシャワーを導入

送料が全国一律5千円、取付工賃は職人さんへ依頼して5千円程度のケースが多いようです。

4万円の出費で一カ月早く空室が埋まるなら、すぐに元はとれます。

交換するほどでもないけれど、見た目が古く感じるという場合には、ダイノックシートを流し台の扉面に施工すると良いでしょう。その他の対策としては、水栓金具が古ければ、新しいワンレバー式の水栓に交換しても良いでしょう。

4 清潔感が決め手の床、壁、天井

1）クロスの張り替え

部屋全体に占める壁の割合は非常に大きく、「短時間の内覧でも目立つ」場所ですので、しっかりと手を入れる必要があります。

タバコ汚れや日焼けの跡は、入居希望者さんの目に付かないように清掃、もしくは交換します。

パナソニック製の温水洗浄便座

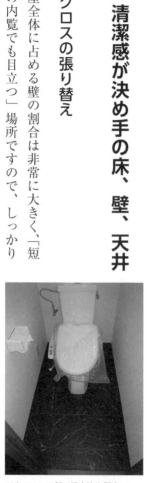

特に汚れがない場合でも、一部または全部のクロスを換えてみると、部屋のイメージを一新できます。

壁紙には何百・何千というバリエーションがあります。壁紙の選択一つで、他の賃貸物件とは一線を画す、オンリーワンの魅力的な空間を演出することができます。

今の入居希望者さんは、テレビのリフォーム番組や、自宅のポストに投函される新築マンションのチラシ等で日々新しいデザインの内装に触れています。

ボロ物件とはいえ、賃料をいただくからには、他の物件との差別化を考えておくことは重要です。

予め、サンゲツなどの見本帳を取り寄せておいて、気に入った壁紙をピックアップしておくのもおすすめです。

最近はあまり見かけなくなりましたが、激安のボロ物件の場合、壁がクロスではなく土壁や繊維壁というケースがあります。このままでは古い印象を与えてしまうため、クロスへの変更をおすすめします。

繊維壁の上に直接クロスを施工するやり方で十分ですので、そのことをクロス職人

さんへ伝えてください。

私が長崎でお願いしているクロス職人さんの場合、現行の繊維壁の上に一旦、樹脂で下地を作り平坦に均した後、その上にクロスを施工してくれます。

コストは下地代込みで平米８５０円（量産クロスの場合）～１２００円（デザインのバリエーションが豊富な１０００番台クロスの場合）程度です。

２）フローリングの張り替え

クロスの次に大きな割合を占めるのが、フローリングなどの床材です。

クロスとの相性を見ながらデザインを決めていくと良いでしょう。

新築のタワーマンションや注文住宅のパンフレットなどが参考になると思います。

３）水回り

洗面所やトイレなどの水回りでは、黒っぽい御影石調の

繊維壁の上に直接クロスを施工

クッションフロアまたはフローリングがおすすめです。

質感はフローリングの方が上質ですが、トイレや洗面所など狭くて水気のある場所の場合、クッションフロアの方が施工性と耐水性に優れており、長い目で見た原状回復時のコストを下げることができます。

4）施主支給について

「施主支給」という言葉をご存知でしょうか？

「施主支給」とはリフォーム工事を行う際、現場で使用する、例えば洗面台や照明器具、インターホンやフローリング材などを、職人さんやリフォーム会社さんに用意してもらうのではなく、施主が直接購入し、現場等へ発送することです。コストを抑えられるというメリットがあります。

「この品物を私の物件に取り付けてください」といった感じで職人さんやリフォーム会社さんに取り付け作業のみお願いします。

今は、インターネットを活用することで、誰でも

幅広・ホワイト系のフローリング材

簡単に全国最安値の部材を調達できますから、少しずつ試してみるといいと思います。

ただし、現場の職人さんの負担を増やすことになるため、初対面の相手にこれをやると失礼に当たります。ある程度の関係性ができた相手に、謙虚な気持ちでお願いすることが大事です。

次に、施主支給がしやすい部材を紹介します。

①フローリング材【5500円〜8800円程度／坪、送料別途1千円程度】

フローリング材には何種類かの規格がありますが、ボロ物件系で大工さんへ施主支給を行う場合は、「12ミリ（厚み）×303ミリ（横）×1818ミリ（縦）」サイズのものを使用すると良いでしょう。

6枚で1坪になるため、大工さんの作業効率が高まります。

厚みにも複数の種類があります。根太の上に直接施工する場合は必ず12ミリのものを選びます。

御影石調のクッションフロアる。

一方、根太とフローリングの間に一旦ボードを施工する場合や、既存の床の上に増し張りする場合は、大工さんと相談の上、6～9ミリ程度のリフォーム用フローリング材を使用すると良いでしょう。

②姿見（全身鏡）【1千円程度／1枚】

イケアの姿見がおすすめです。

安くてデザイン性の高い姿見を大量に購入しておき、リフォーム工事の際に大工さんへ設置をお願いしましょう。場所は玄関が良いと思います。

③照明器具

・シーリングライト【5千円前後／リモコン付／1基】

内見時の印象アップのため、最低でもリビングに1台はリモコン付のLEDタイプをつけます。白色と電球色を切り替えられるタイプが安ければ、そちらもおすすめです。

・スポットライト【3千円前後／LED球付／1基】

イケアのスポットライトがおすすめです。価格が安く、見た目もお洒落です。引掛けソケット方式なので、電気工事士の資格が無くても施工できます。

④火災報知機（煙&熱探知10年寿命）【1500円程度／1台】

台所には熱感知タイプを、それ以外の場所には煙感知タイプを選びます。

大工さんか電気職人さんへ施主支給して空き時間に取り付けていただくのが良いでしょう。物件がある地方自治体のルールに従って設置場所を決定してください。

⑤テレビカラーモニターホン【8千円～1万5千円程度／1台】

パナソニック製の録画機能付ハンズフリーカラードアホン（1万5千円程度）がおすすめです。

録画機能が必要なければ、1万円未満から購入できます。

施工は、電気職人さんへ施主支給して取り付けてもらいます。既存の配線が利用できる場合は10分程度の工事で済みます。

録画機能付ハンズフリーテレビカラーモニターホン

火災報知機（煙&熱探知10年寿命）

⑥エアコン【3万円～4万円程度（6畳用）／1基】

パナソニック製の冷暖房エアコン（6畳用）が3万円～4万円程度（全国送料2千円別途）で販売されています。取り付けは電気職人さんかエアコン専門の職人さんに依頼して、8千円～1万2千円程度です。古いエアコンがある場合は、無料の産廃処分業者さんに依頼すれば、無償で引き取ってもらえます。

⑦台所用ワンレバー水栓金具【7千円程度／1個】

ワンレバータイプで、見た目が美しいフルステンレス製のものを選択すると良いでしょう。

台付きタイプ（床に取り付け）と壁付きタイプがあるので、念のため、給排水管職人さんに施主支給する水栓のメーカー名と型番を伝えて、適合の可否を確認します。

一部に樹脂部品を使用した廉価版はホームセンター等で4千円程度で買えますが、樹脂部分が汚くなるので、中長期的に見たときのコストが掛かります。フルステンレスタイプは7千円くらいから購入できます。

⑧シャンプードレッサー【3万円程度（全国送料3千円別途）／1台】

「水回り」のリフォームで紹介したものと同じです。

⑨洗濯機パン【5千円程度（トラップ込み）／1台】
６４０ミリ×６４０ミリサイズがトラップ込み5千円程度で販売されています。トラップは「横引き」と「縦引き」タイプがあるので、事前に給排水管職人さんへ確認する必要があります。

⑩洗濯機用オートストッパー水栓金具【２８００円～４５００円程度／1個】
洗濯機パンと合わせて施主支給すると良いのが洗濯機用の水栓金具です。既存の蛇口があってもサビていたり、デザインが古かったりすると、古い印象を与えてしまうので、最新のオートストッパー機能付き水栓に取り替えることをおすすめします。

蛇口自体はホームセンター等で２８００円位から販売されているので、給排水管職人さんへ施主支給し、洗濯機パンの施工と同時に取り付けてもらうと良いでしょう。施工時間は10分程度です。

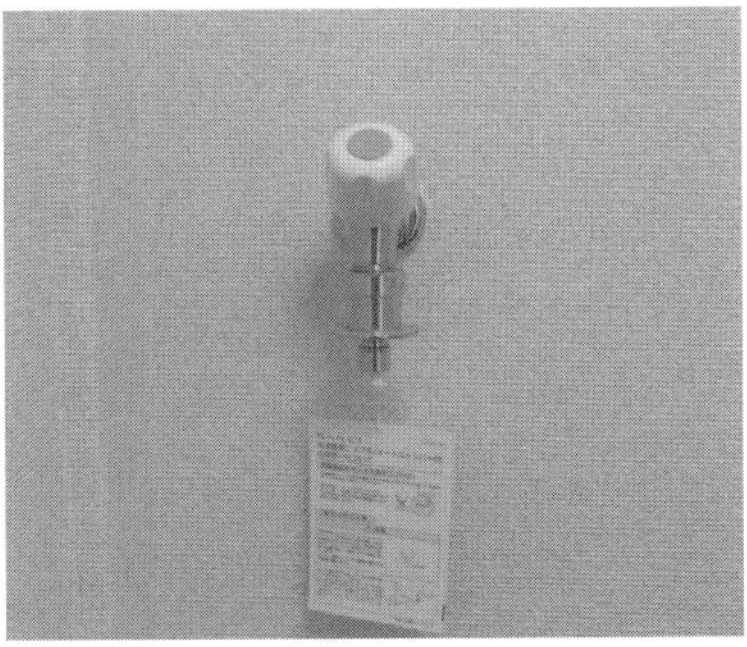
オートストッパー機能付き水栓

⑪便座＋便座のふた【3500円程度／1台】

「水回り」のリフォームでも紹介しましたが、はじめから洋式便器が導入されている場合は、「便座＋便座のふた」を交換しておくと、入居募集時の競争力が向上します。

取り付けは、大工さんか給排水管職人さんに依頼してください。

素人でも数分で取り付け可能です。購入は、楽天などでまとめ買いしておくと良いでしょう。普通サイズと大型サイズがあるので購入前に確認してください。

⑫温水洗浄便座【1万5千円程度／1台】

パナソニック製や東芝製の温水洗浄便座が、アマゾン等で1万5千円程度（全国送料込み）から販売されています。通常の「便座＋便座のふた」と比較しても1万円程度しか変わらないので、検討しても良いと思います。施工は給排水管職人さんか電気職人さんへ依頼しましょう。

トイレにコンセントがない場合は、同時に電気職人さんへ、コンセントの新設も依頼してください。

トイレ内の照明器具や換気扇用の電源を流用できま

すので比較的短時間で施工できます。

⑬トイレットペーパーホルダー（棚付き2連タイプ）【1800円程度／1台】

おすすめは、一般的な一連タイプではなく、二連タイプで棚付のものです。購入は、楽天などでまとめ買いしておくと良いでしょう。施工は素人でもできます。

⑭手洗い吐水口&洗浄ハンドル交換&取り付けボルト&化粧キャップ交換

トイレは、ほんの僅かな汚れや古さが残っているだけでも、入居希望者さんに敬遠される要因となってしまいますから、手を抜かずにしっかりと対処しておく必要がある部分です。

トイレのロータンク部分に設置されていることが多い、手洗い吐水口の水栓が緑色にさびている場合、新しいものに交換することをお勧めします。

同様に、水を流すレバーハンドル部や、便座を床に固定しているボルトの頭からサビが出ている場合なども交換すると良いでしょう。

これらの部品は、メーカー違いや型番違いの似た部品が多く存在するため、しっかりと確認してから注文するようにしてください。

第4章

「ボロ戸建て」満室管理＆即決客付け【編】

4章「岩崎えり」編
遠隔地からの地方物件の管理&満室術!

この章では、管理と客付けについて紹介します。

私は神奈川県横浜市に住みながら、長崎県長崎市で不動産投資をしています。物件と自宅が離れているため、物件の管理運営は管理会社にお願いしています。

実は、大家になりたての頃、この管理会社選定で一度失敗し、管理会社を変えた経験があります。
※残念な経験の詳細は、私の著書「30代ママ、2ヵ月で〝月収150万円〟大家さんになる!」(ごま書房新社)をご覧ください(泣)。
私の経験から心を込めて言いますが、管理会社選びはとても大切です。

しっかりと実力等を調査してから、依頼するようにしましょう!

1 管理会社の選定

今年の1月初旬に、リフォームの最終チェックと客付け準備のために長崎へいってきました。

管理会社については事前に脇田さんに聞いたり、ネットで調べたりして、いくつかピックアップしておきました。

ネットで調べたところは、現地に行く前に事前に電話でヒアリングを行いました。

私の場合、電話では軽い質問に絞り、基本的なことだけを聞きます。

しつこく聞いて面倒くさい人と思われてしまうと、適当にあしらわれたり、その後の関係性に影響することもあるからです。

学校で講義していた頃の私の専門分野になりますが、人の第一印象というのは心理学的にも「初頭効果」といって、その後の人間関係においてかなり影響してきます。

電話ですと聴覚情報のみとなるので、良いイメージをもってもらえるように声のトーンや大きさなども意識して話をしています。

具体的には、電話口の方のお名前をきき、その後は「○○さん」と相手のお名前をきちんと言います。これも実は大切なことで、相手は自分の名前を呼ばれ続けることでこちらに親近感をもつようになります。

ヒアリングの内容としては、物件の場所と物件情報を伝え、まずはそもそも管理を

してもらえるのかどうかを確認し、次に雑談でそのエリアにどのくらい詳しいかや、自分との相性を探りました。

電話でのヒアリングのあとに、私は管理会社候補を3つにしぼり、その3つに訪問のアポをとりました。

社員さんの数もさりげなく聞き出し、お土産も用意しました。

長崎に着いたあとは、路面電車を駆使して管理会社周りをしました。

そして、次のような質問をしました。

①客付け力がどれくらいあるか?

自社で客付けも行っているのか、いないのか。いない場合はどこの客付け会社さんとお付き合いしているのかを聞く。

②会社全体がその地域の動向について情報収集しているか？
近隣者情報などもこのときにききます。
③管理方法
毎月きちんと物件を見に行き写真つきで家賃明細表を送ってくれるかなどをききます。
④競合物件について
物件の周辺に似たような物件があるのかを確認します。
⑤管理料
賃貸物件全体の管理料の平均は５％です。しかし、管理効率の悪い坂の上の戸建は10％とか一律で月額５千円ということもよくあると聞きます。

安くしてもらえるならそれがいいですが、やりすぎると向こうから嫌がられるので私はここは値切りません。相手にもWinになるようにするのが大切です。
⑥広告費
例えば広告費を２カ月分出したら、どのくらいで空室を埋められるのか？　という聞き方をしました！
⑦自分との相性
この部分は重要視しています。会社によっては大きいところだと移動によって担当

者が変わってしまうこともありますが…。

⑧連絡手段

一般的にはメールと電話が主だと思いますが、実は地方にはメールを使えない管理会社もあり、紙ベースの郵送でのやりとりのところもあったりします。そして会社によっては禁止しているところも多いのですが、私の場合はLineが一番つかいやすいのでLineを使えるのかも確認します。

このとき、初心者丸出しだったり、よそ者感を出してしまうと、足元を見られたり、ひどいときは門前払いになります(汗)。

ですので、きちんと「自分はこう考えますがどう思われますか?」というような聞き方をすべきです! 訪問前に自分なりの準備をしておきましょう。

そして最終的に1社に絞りこみ、翌日「えりぃハウス1号」のリフォーム状況を見に行くときに、同行してもらいました!

物件を一緒に見ながら客付けの募集条件をどうするかなどを打ち合わせして、いよいよ募集を開始することになりました。

家賃は、脇田さんに実情を聞いて強気の6万円にしました！

すると、ネットに載せるとすぐにお問合せが入ったそうです。この分だと間もなくお申込みもいただけそうです。

２ 即入居！を目指す「えりぃ流・客付け戦略」【長崎ボロ戸建て編】

大家としてはリフォームの最中に入居者さんを決めることがベストではないでしょうか。私も物件を購入するときはいつも先手を打って客付け戦略を練ります！

今回の長崎ボロ戸建て「えりぃハウス」での客付けのための検討事項は以下の通りになりました。

これを管理会社さんと一緒にどうやっていくかじっくりと作戦を立てました。

【客付けで決めること】

○賃料：家賃値段設定
○管理費：ここの管理費というのは、物件を管理するために大家さんが管理会社に支払う管理費のことではなく、インターネット掲載等における、見た目の賃料を安く見せる為に、管理費を設定しているもので賃料と同様です。全額大家さん側がもらえます。
○ペット飼育：ペット飼育の有無をどうするか。有りの場合は家賃をどれくらいあげるのか、詳細条件をどうするか。
○礼金：入居者さんが大家さんにお礼として支払うお金のことで、これは返金する必要はありません。礼金は地域によってそのような習慣があるところとないところがあります。
○敷金：入居者さんが大家さんに対して入居前に預けておくお金のことです。退去の時の原状回復費用や家賃滞納した場合に使われ、使わなかった分は退去時に返金されます。
○広告料：賃貸募集をするときの「広告料」という意味で使用されます。ADと言ったりもします。仲介業者さんを通して入居者さんを募集し決まった場合に大家さんが仲介業者さんに支払うお金のことです。

今回は、管理会社の方が仲介業者さんに、物件についてリサーチをしてくださったため、募集の内容についてはすんなりと決まりました。

長崎は他の地域に比べて平均所得が低いため、初期費用はなるべく抑えた方がよいとアドバイスをいただき、敷金はなしにしました。

その代わり、退去時の清掃費・カギ交換費は入居者さんの負担となるように特約を設定してもらいました。

自分では気づかなかった部分として、CATV（ケーブルテレビ）の提案がありました。従来のアンテナタイプですと、台風等の災害時にトラブルが発生して度々ク

【今回の客付け決定事項】

○賃料：60,000円
○管理費：0円
○ペット飼育：賃料3,000円UP、礼金1ヵ月UP ※猫・小型犬の飼育は問題なく、中型犬は要相談にしました。大型犬は近隣住民とのトラブルにも繋がる可能性が高いためお断りすることにしました。
○礼金：なし（ペット飼育の場合はいただく）
○敷金：なし
○広告料：2～3ヵ月

レームや修理の費用がかかる懸念があり、経年劣化で5～10年毎に3～7万円の交換工事を行う必要があるそうです。

CATVは初期費用2万5300円（税込）、月額550円で利用できるそうです。トラブルの際も無料で対応してもらえて、追加費用もかからないそうなので、CATVを導入することにしました。

長崎では一般的に入居者さんが初期費用も利用料も負担するケースが多いのですが、初期費用のみ大家が出すよう、入居時の交渉としてお願いされるケースもあるということでした。

広告料（AD）について質問すると、以下のような返事でした。

・AD1ヵ月の場合：仲介さんの自社物件を優先するため、タイミング次第で成約という状況

・AD2ヵ月の場合：自社物件と並行して案内をしてもらえるという状況
・AD3ヵ月の場合：かなり優先して本物件を案内してもらえるという状況
早期入居付けが第一なので、まずAD2カ月から始め、時間がかかるようなら3ヵ月に増やすことにしました。

【ウワサで聞いた！　初心者さんの失敗話〜【客付け編】
「200万円の損失となってしまったテラスハウス購入のTさん」

私の仲良くさせてもらっている大家仲間のTさんのお話です。

Tさんは高い利回りにつられて、大阪府にある築古のテラスハウスをオーナーチェンジ（既に入居者さんがいる状態）で300万円で購入しました。

ところが、購入後わずか3ヵ月で入居者さんが退去してしまいました。

退去された入居者さんは長年住んでいらっしゃったため、傷んでいるところも多く、リフォーム代が100万円ほどかかったそうです。

さらに、その入居者さんが支払っていた家賃は5万円でしたが、それはもう10年以上前に設定されたもので、現在の周辺相場は3万8千円程度だったのです。

家賃5万円という計算で購入し、リフォームもしてしまったので、Tさんは家賃を下げることをためらってしまい、空室状態が長く続きました。

結局、家賃を3万9千円に下げ、退去から2年半後にようやく入居が決まったそうです。

その後、２００万円で売却したのですが、トータルでは約２００万円の損失となってしまいました（涙）。２００万円の損失はいたいですね・・・。

事前に物件の周辺の家賃相場をきちんと調べ、長期入居者の退去後は修繕費もそれなりにかかるということも見込んで、購入すべきだったと思います。

4章「脇田雄太」編

地方の特色をつかんだ入居管理術

この章では、購入後の入居者募集への取り組み方を紹介します。

岩崎さんは過去に一度、失敗して管理会社を変えたと書かれていましたが、そういう話は決して珍しいことではありません。

管理会社の中には、管理は得意だけれど客付けは苦手というところもあります。

それに、多くの物件がある中で、自分の物件に優先的に入居希望者を案内してもらうには、人の半歩先を行くちょっとした工夫が必要です。

私は現在、長崎に約１００戸を所有していますが、空けばすぐ埋まるという状態が続いています。これも、試行錯誤の結果です。

カギは、お客様を案内する営業マンが「案内したくなる」物件にすることです。具体的な方法を、以下に紹介します。

脇田雄太の活動紹介

不動産投資を成功させるのにもっとも重要な要素は
――経験?知識?それとも才能?

サラリーマン時代の副業からスタートして不動産投資歴は約12年、延べ400棟の中古ボロ物件と付き合ってきました。今や家賃収入だけで年間4000万円以上を稼ぎだす脇田雄太の答えは**いずれも「NO」**。明確な目標と、そしてあきらめない気持ちを持つことが、ゴールに到達するための条件です。

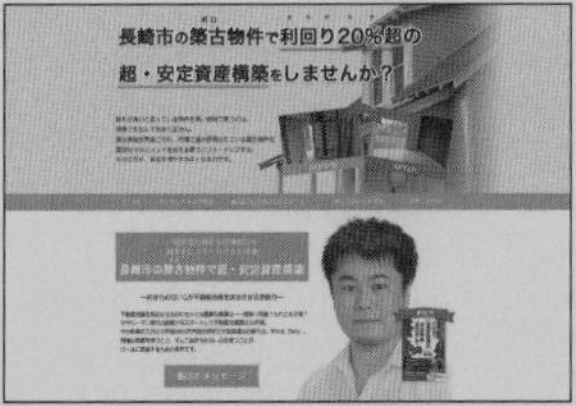

●コンサルティング

本書をはじめ、累計12冊の不動産書籍の著者である脇田雄太が、あなたのコンサルタントとして実際にあなたが長崎でボロ物件投資をはじめるためのお手伝いをいたします!

～脇田雄太事務所へをご相談いただくメリット～

★メリット1　メディアでも取り上げられたノウハウを直接活用できます
★メリット2　いつでも相談できるコンサルタントを持てます
★メリット3　脇田が現地へ伺い、直接アドバイスを差し上げます
★メリット4　中立的立場からの公正なアドバイスを受けられます

お問い合わせ・詳細は以下URLより、お気軽にお問い合わせください。
http://wakita.in/consulting

●大好評!“ワッキー流”不動産投資ブログ

脇田雄太最新情報を更新中!
「情報満載のメルマガ」もこのブログから登録できます。

脇田雄太の「30万円」から始める不動産投資

脇田雄太ブログ で検索

スマホからアクセス!

https://profile.ameba.jp/ameba/wakitayuta

ママ投資家 岩崎えり の活動紹介！

『長崎"激安中古戸建て"投資倶楽部』のご案内

不動産投資を始めたのは将来の経済的な不安からでしたが、実はこれは運命だったのかも しれません。私はこれを神様から授かったミッションだと思うことにしました。

長崎は生まれ育った街ですが、大家さんとしてはまだまだ未知の地域です。そこで、自分自身の勉強と共に一緒に長崎を活性化させてくださる仲間を集います。それが当倶楽部の設立趣旨です。

さらに、当倶楽部の顧問には著書を10冊出版され、長崎の不動産投資に精通されている 著名投資家"脇田雄太"氏を迎えております。脇田氏はご自身の物件に近い大阪と、長崎の2か所をお住まいとされています。知識だけではなく、実際の長崎での現場でも心強いアドバイスをいただけるかと思います。

ぜひ私のミッションに賛同してくださる方、一緒に不動産投資で長崎を盛り上げていきま せんか。皆様のご参加を心待ちにしております。 代表 岩崎えり

・Official Web Site

・活動状況も紹介しています

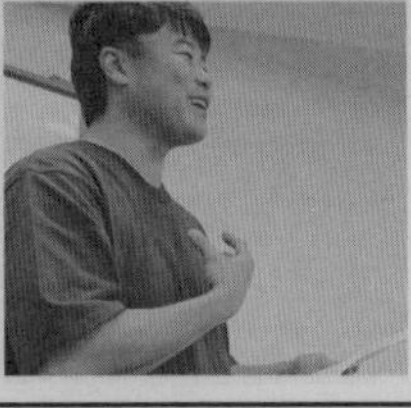

詳細・お申し込みは以下サイトをご覧ください。
http://eri-iwasaki.net/nagasakiclub/

長崎投資倶楽部 で検索！

・ママ投資家「岩崎えり」ブログ
『ママ投資家"岩崎えり"のhappy 不動産 life』
https://ameblo.jp/chocolat-heaven/

・Facebook【岩崎えり】

1 短期間で満室にするための工夫

1）賃料を相場の8割～7割に設定する

物件の賃料は、そのエリア毎に、間取りや広さ・築年数などに応じて相場があります。

通常は相場よりも高く貸すために、デザインリフォームを行ったり、高価な設備を導入したりといった努力をするわけですが、私のおすすめはその逆で、相場より低い金額で入居募集を行うということです。

当たり前ですが、競合と同等の物件であれば、価格が低い方が営業マンが案内した際の成約率が上がります。そして、誰だって「案内すればすぐに申し込みが入る」物件を優先的に扱いたいものです。

家賃を下げると収益も下がると思う方もいると思いますが、実際は違います。

家賃を下げると埋まりやすいだけでなく、退去が減るため、入退去に伴うリフォーム代や広告費を減らすことができ、トータルではプラスになるのです。これは、大家歴15年になる私の経験からわかったことです。

念のため、この方法で募集を行う際は、入居者さんと交わす賃貸借契約書において「短期解約違約金」の取り決めをされることをおすすめします。

【短期解約違約金】

・本物件の賃料は借主が長期間の入居を約束することを前提に低く設定しているため、万が一、下記の期間内に、借主都合により本契約及び更新契約を終了する場合は以下の短期解約違約金を借主は貸主へ支払うものとする。

※短期解約違約金

・初回賃料発生日より3ヶ月以内の解約：賃料の6ヶ月分

・初回賃料発生日より6ヶ月以内の解約：賃料の5ヶ月分

・初回賃料発生日より1年以内の解約：賃料の4ヶ月分

・初回賃料発生日より2年以内の解約：賃料の3ヶ月分

・初回賃料発生日より3年以内の解約：賃料の2ヶ月分

・初回賃料発生日より4年以内の解約：賃料の1ヶ月分

私は、特約事項の内容について充分に理解・納得しました。

契　約　者：　　　　印

連帯保証人：　　　　印

２）初期費用を下げる

この項目については説明の必要はないと思います。

岩崎さんもこの手法は取り入れていましたね。

ただし、全ての物件で最初からいきなり初期費用を安くする必要はありません。

最初はある程度、強気の条件を設定して、少しずつ変更すればいいのです。

最初の募集条件として私がおすすめするのは、戸建の場合【敷金ゼロ・礼金３ヶ月】。アパートの場合【敷金ゼロ・礼金２ヶ月】です。

敷金を預かっていても、預かっていなくても、正当な理由があれば、退去時に原状回復費の請求は行えるので、物件価格が低いボロ物件では特に敷金を預かることの意味は少ないように感じています。

礼金を設定しても、家賃が安ければ、すんなりと申し込みをいただけるというケースも多くあります。

３）広告料を支払う

広告料についての説明は必要ないと思います。ここでは、「どのように広告料を支払えばより効果的か?」について紹介します。

方法は簡単です。まず、営業マンさんへ「他の大家さんは平均何ヶ月分の広告料を支払っていますか?」と聞いてみます。

地方の場合（札幌等の激戦地を除く）、たいてい0・5ヶ月分~2ヶ月分というケースが多いと思います。

次に、「私の物件を最優先で扱っていただくには何ヶ月分お支払いすればよろしいでしょうか?」と聞き、それに沿うようにします。

それだけでなく、「個人広告料と店舗広告料はどのように按分させていただけばよろしいでしょうか?」と打診してみます。

場合によっては、個人広告料を支払うことを条件に、全体の金額を抑制することが可能になります。

また、「礼金連動型広告料」を導入されても良いと思います。「礼金連動型広告料」とは文字通り、実際に入居者さんからいただけた礼金分をそのまま広告料として仲介さんへ支払うということです。

大家にとっては、「自分の持ち出しを抑制できる」というメリットがあり、営業マンさんにとっては、「あともう少し礼金が安ければ入居を決められるのに」というような場合に、大家に断らず仲介店舗内の裁量だけで礼金を下げられるというメリットがあります。

ただしこの方法は、ある程度の関係性がある仲介さんに限定して実施されることをおすすめします。

というのも、中には、出来るだけ多くの広告料を得るために、「満額の礼金を支払える入居者さんが現れるまでこの物件は紹介しないでおこう」ということになる可能性もあるからです。

4）裁量権を渡しておく

「裁量」というのは、例えば、入居希望者さんから家賃の減額交渉が入った場合、大家に連絡しなくても「最大2千円までは値引きに応じても良い」とか、「5万円までの設備については大家への確認不要で付けても良い」といった権限を予め渡しておくということです。

大家は、不動産会社から問い合わせがあった時、常に対応できるように、携帯電話にいつでも出られるようにすることが大事ですが、サラリーマン大家さんの場合はそうもいきません。

予め、裁量権を渡しておけば、「電話に出られず、申し込みを逃した」ということを防げます。

2 埋まらない理由を分析する

空室が1カ月以上発生した場合は、「なぜ入居者が決まらないのか?」の原因を特定し、対策を講じることが重要です。

最初は、入居者募集をお願いしている仲介会社さんに、率直にアドバイスを求めましょう。その際、次の5点について確認することをおすすめします。

1) どのメディアに募集広告を出しているか?

通常、入居者募集を賃貸仲介さんへ依頼した場合、担当の営業マンさんが自社のサイトや、アットホーム・HOMES・SUUMO(スーモ)・CHINTAI等のサイトに物件情報を掲載してくれます。

まずは、自分の物件がこれらのサイトにちゃんと掲載されているか確認しましょう。

次に、「賃貸仲介さんの店舗に自分の物件のチラシが貼りだされているか?」を確認します。

もし、自分の物件がネットに出ていなかったり、店舗内の目立つ位置に貼りだされていない場合、その物件が、「営業マンが決めたい物件」になっていない可能性が考えられます。

その場合は率直に「自分の物件を優先的に決めてもらうにはどうすれば良いですか？」と質問し、できる範囲で対応するようにします。

2）そのメディアの反響は？

「どのメディアに自分の物件の募集広告を出しているか？」がわかったら、今度は、「そのメディアからの反響はどうか？」を担当の営業マンさんに確認します。

例えば、「スーモに掲載してもらっている僕の物件ですが、今週のページビューはどのくらいですか？」などと聞いてみてください。

すると、「今週は１００人が閲覧しました」というような返答があるはずです。

次に、「同一エリア内の競合物件と比較して多いか少ないか」についても確認しましょう。ヒアリングの結果、明らかにページビューが少なければ、募集広告の内容に問題があると考えられます。

ページビューが少ないときは、担当者に次のようなことを質問し、必要なら改善策を講じます。

a　賃料・共益費・敷金・礼金に競争力があるか？

b　写真は掲載されているか？「住みたい！」と感じる写真か？

c　検索条件は正しく設定されているか？

d　「備考」「その他」「アピール」欄で物件の魅力を伝えられているか？

また、担当者に「物件の内見数はどのくらいか？」「内見しても申し込みが入らない理由は何か？」を確認し、こちらも必要に応じて対策を講じていきます。

対策の一例を紹介します。

物件には住所があり、住所にはそれぞれが持つ「イメージ」があります。

大家としては、「＊＊市＊＊町」と聞いて、人々がどのようなイメージを持つのかをまずは把握して、マーケティングに生かすことが大切です。

例えば、「＊＊町は山の上だから買い物に不便そうだ」とか「＊＊町は階段立地だから積極的に住みたいとは思わない」というイメージを持たれるような場所の場合、入居希望者さんに物件を見に来てもらう以前の問題として、「マイナスの先入観」というリスクがあります。

それを防ぐには、物件情報のところに下記のような内容を追記するなどの対策を取る必要があります。

「街側の市道からは約70段の階段がありますが、自動車で一旦山の上まで車で登り、物件すぐ近くの＊＊駐車場に車を停めれば階段を10段下るだけで物件に到着できます！貸主にて当該駐車場を確保済みです。月額＊千円」。

検索サイトの「アピール欄」や「その他欄」で、こういったコメントを入れておくだけでマイナスイメージを一定程度軽減できます。

もちろん、営業マンの口頭による説明も効果的ですので、担当者にはＰＲポイントをお伝えしておきます。

このような改善策を、自分からも積極的に提案するようにしましょう。

間違っても、「管理会社さんに任せておけばＯＫ」「賃料保証があるから何もすることはない」などと考えてはいけません。

3 満室にするために大家にできること

入居者募集を行う際、賃貸仲介さんは心強いパートナーです。

私の場合、これまで全入居者さんの約95％を賃貸仲介さんから紹介していただきました。とてもありがたく思っています。

しかし、私たちは不動産賃貸業の経営者ですから、入居者募集という分野でも「常に複数の選択肢を確保しておく」ことも重要です。

ここでは、残り5％、自分独自のルートで入居を決めていく方法について紹介します。

3）退去者に入居者紹介クーポンを発行

大家が退去者に「入居者紹介クーポン」を発行するという方法です。

退去の連絡をくれた入居者さんに、次のようなメッセージを書いたクーポンを渡します。

「これまでのご入居まことにありがとうございました！　新しいご入居者様をご紹介いただけましたら現金＊＊万円をもれなく進呈いたします！　有効期限＊＊年＊＊月／物件名・脇田（０９０－＊＊＊＊－＊＊＊＊）／※本券はご紹介いただいたご入居者様が、＊＊年＊＊月までに、大家と直接文書により賃貸借契約を締結し、かつ、家賃の入金を連続３ヶ月分遅延なく確認させていただいた場合有効となります」


金額や文面は適宜変更してください。

ちなみに私は、家賃１～２ヶ月分に設定しています。

②現地の看板で空室をアピール
物件の接道部分や玄関扉などに、「ご入居者様募集中！　詳しくは０９０－＊＊＊＊－＊＊＊＊まで」といった看板や張り紙を掲示する方法です。

注意点として、「家賃などの詳しい募集条件は記載しない方がいい」ということがあります。

具体的な家賃を掲載してしまうと、アパートなどの場合、既存入居者さんとの間でトラブルの原因になるかもしれません。

このやり方では、電話番号を載せるので、個人情報が広まるリスクはあります。対策としてできることは、携帯番号をもう一つ持つくらいしかありません。メールアドレスのみ記載するという方法もありますが、年配の方など、メールは使わないという方も世の中には相当数いますので、ＰＲ効果が薄まります。

４）市役所への営業活動（生活保護者向けの物件）

低価格帯の物件で実践しているやり方です。

物件所在の市区役所の生活保護担当部署へ行き、「○○で大家をしているものですが、私の物件の募集チラシを置かせていただけないでしょうか？」とお願いしてみるという方法です。

原則的に、各生活保護担当部署では入居者さんの斡旋はしていません。しかし、チラシを置くことは認めているところもあります。

少なくとも私の場合は、快く承諾してもらえました。

その際、窓口の担当者さんへ「私は大家ですので、仲介手数料や保証会社の保証料は不要です。また入居者さんが加入される保険料も割安なので初期費用を抑えられますよ」と伝えておくと良いでしょう。

持参するチラシはＡ４用紙2枚～5枚程度で、１枚目には、「仲介手数料・保証料なしで今日からご入居いただける物件あります。連絡先０９０－＊＊＊＊－＊＊＊＊」と大きく記載し、２枚目には一般的な募集広告の内容（間取り／築年数／賃料／敷金・礼金など）、３枚目以降は物件の写真などをカラーで印刷します。

これらを、「イージークリップファイル」等を利用して製本して配るといいでしょう。

この方法が軌道に乗り始めると、市役所の担当者さんの方から、「脇田さん。先日いただいたチラシを配り終えてしまったので、またお持ちいただけませんか？」といった連絡が入るようになります。

5）エリア内の仲介さんへＦＡＸで空室を知らせる

「一般仲介」で入居者を募集する場合は、エリア内のすべての仲介店舗を営業して入居付けのお願いに回ることをおすすめします。

遠方でなかなか行けない場合は、ＦＡＸを使うと便利です。

具体的には、まず、「グーグルマップ」や「ヤフー地図」などで所有する物件周辺の仲介さんの情報を調べます。

物件の住所を入力すると、画面の左側に周辺の商業施設がリストで表示されます。それを「不動産」という項目で絞り込んでいくと、物件周辺の賃貸仲介さんのリストが取得できます。

同じ要領で、最寄り駅が属する路線のターミナルや主要駅にある店舗、そして既存入居者さんの職場が集中しているエリアがあれば、その周辺の店舗もリスト化していきます。

データの中には、賃貸仲介を行わない店舗の情報が紛れているかもしれないので、個別に調査をしてリストの精度を上げていきます。

そのようにして、仲介業者さんの「ＦＡＸ番号リスト」が完成したら、所有している物件の物件概要と募集条件（空室番号・賃料・共益費・広告料等）をＡ４用紙１枚にまとめ、ＦＡＸを使ってそれらの番号へ一斉送信していきます。

今は、パソコンと連携してＦＡＸを送れる複合機が1万円程度から販売されています。そうした機器を活用すると本当にクリック一つで、何百というＦＡＸを送信できて楽です。

ＦＡＸの宛名は、「店長様」としておけば、その後のやり取りがスムーズになります。

ＦＡＸを送ってから数日したら、いくつかの店舗へ電話をしてみると良いでしょう。電話をかける先は、仲介力のある大手のチェーン店や、地元で複数の支店を持っているような準チェーン店がおすすめです。

4 高い入居率を維持するために

まず、賃貸需要のあるエリアの物件を安く買い、賃貸需要にあわせたリフォームをすること。次に、賃貸仲介さんと協力して入居者を募集し、満室を維持するために自分でもできることをやる。

これを繰り返し、精度を上げていくことで、私の長崎物件では、１カ月以上空室になることはほぼないという状態になりました。

自分の物件の数が増えたため、今では管理会社も立ち上げて、ご縁のあった方たちの物件も含めて管理しています。（実は、岩崎さんの物件についても、私の会社が管理をさせてもらっています）。

管理物件の数は全部で約５００戸ありますが、自分の物件と同じく、入居率は常に１００％に近い状態です。

繰り返しになりますが、どんなに安く物件を買っても、入居者がつかなければ、1円も儲かりません。むしろ、物件価格、リフォーム代、固定資産税などの出費がかさむだけです。

いい物件を買うのと同じくらい、「満室」で運営することに強いモチベーションを持ちましょう。また、すでに長崎で収益物件を持っていて、空室で困っているという方は可能な限りでご相談に乗りますので、お声がけいただければと思います。

第5章
初心者からの 長崎「ボロ戸建て」投資の 質問に答えます！

不動産投資に限らず、何かを始める前は不安になるものです。そんな時、相談相手を間違えれば不正確な情報に惑わされることになります。そこで大切になるのが、先にその分野で成功している人に教えてもらうことです。

この章では、長崎のボロ物件投資について著者がよく質問される質問とその回答を紹介します。実際に受けたことのある質問を取り上げていますので、参考にしてみてください。

【質問1】小さな子どもがいながらでも不動産投資はできますか？

【岩崎の回答】

できます。私自身も3歳の娘の子育てをしながら不動産投資をしていますし、まわりにも子育て中の女性大家さんがたくさんいます。

物件の検索や業者さんとのやりとりはネットや電話でできますし、物件視察や金消契約は実際に出向く必要がありますが、子連れでも大丈夫です。私も娘を連れて行っていますが、特に問題になったことはありません。

逆に、私は法人で物件を買っているのですが、後継者がいることはプラスと判断されるようです。

子どもの預け場所が見つからず、不動産投資セミナーに出られないとか、大家さんの集まる懇親会に出られないということはありますが、書籍等で勉強したり、同じママ大家さんと子連れで会うなど、色々と工夫をしています。

何よりも子供は、がんばるモチベーションになってくれます。シングルマザーの方で、自分に何かあった時のためにと不動産投資を始められる方も多くいます。

【質問2】 指値の目安はどうしたら良いでしょうか？

【岩崎の回答】

まず、その物件の立地から家賃相場を調べます。

次に、知り合いの大工さんに相談したり、ネットで調べたりして、リフォームにどの程度のお金がかかるかを調べます。

そこから利回りを逆算して、「この値段なら買い」というラインを決めます。

利回り15％を確保したい場合で、家賃が6万円もらえそうな場合、リフォームに300万円かかりそうなら物件価格は180万円以下、というラインが出てきます。それが指値の基準になります。

指値を入れる際には「リフォームにこれぐらいかかるので、この値段なら購入します」というように指値交渉をします。

古家が売り土地として出ているときは、「家の解体費用がこれくらいかかると思いますが、解体しなくていいので解体費相当分として100万円引いてください」というような交渉をすることもできます。

最初から安いと思える売値の場合は、指値はしません。私も5万円の戸建てはそのまま買わせていただきました（笑）

【質問3】リフォームはどのようにしたら良いでしょうか？

【岩崎の回答】

まず、その物件の立地や間取り、家賃、周辺に何があるのか、周辺にはどんな層が住んでいるか等を不動産会社さんや客付会社さんにヒアリングして、そこに住む可能性が高い方（ターゲット）を想定します。

ターゲットが定まったら、その人たちが好む部屋のプランを考えます。

例えば、新婚さん、単身者、ファミリー、学生さん、ペットを飼いたい方など、住む人によってリフォームの内容は大きく変わってきます。

ファミリー向けなら収納を大きくする、ペットを飼う方向けなら最初から汚れても簡単に変えられる壁紙にするなど、それぞれに合うようにリフォームをします。

古くて狭い物件などでは、何よりも安さを優先する層に部屋を貸すことになるかもしれません。その場合、極力リフォームにはお金をかけず、家賃を低くした方が好まれます。

ちなみに、私はＤＩＹができないので、工事はすべて業者さんに外注しています。

それでも希望利回りが確保できるのは、物件価格を安く買っているからといえます。

【質問４】地方での不動産投資は魅力的に感じますが、何かあったときすぐに行けないので不安もあります・・・

【岩崎の回答】

私は横浜在住で、長崎にアパート２棟と戸建て一棟を持っていますが、今までに、「すぐに行かないと困る」という事態になったことはありません。

物件を購入するときは早く動かないとライバルに負けるという可能性はありますが、私の場合は週末に現地に行くまで待ってもらっても、いい物件を買えました。

物件を購入したあとに関しては現地の管理会社さんと組むことで、遠方でも問題なく運営できています。

例えば台風後に物件に被害がないかどうかの確認や入居者さんからの電話などは、管理会社が一次対応してくれます。

管理会社に支払う費用は一般的に家賃の５％程度です。６万円の家賃なら３０００円ですが、私は高くないと思っています。

もし、「できるだけ早く来てください」ということがあっても、東京から長崎は飛行機で1時間半ですし、長崎という町が好きなので、それほど苦になりません。

私は茨城県にも物件を持っていますが、電車で片道4時間かかります。

関東ですが、現地に行くまでの時間は長崎より長いくらいです。

自主管理をする場合は、家から近い方がいいと思いますが、信頼できる管理会社に管理を頼める場合は、距離はそれほど気にしなくていいのではないでしょうか。

それよりも、埋まる物件、長く稼いでくれる物件を買うことが重要だと思います。

【質問5】ボロ物件にはどんな方が入居されますか?

【脇田の回答】


ボロ物件を約100所有していますが、「こういう人が多い」と一言で説明することができないくらい、属性は様々です。

ボロ物件といっても共通点は古くて安く買えることくらいで、戸建てもアパートもあります。

戸建てだけでも、小さな平屋から大きな戸建てまでありますし、エリアや駐車場の有無もバラバラです。

ですから、その物件の個性に合った入居者さんがつくというのが正確な言い方になると思います。

例えば、長崎の中心部から近くて、駐車場もあるボロ戸建には、長崎を代表するような大手企業の社員とその家族が入ったりします。それまでアパートに住んでいたけれど、子供が生まれたから庭があって子供の声を気にせずにすむ戸建てがいいといって引っ越してくるケースです。

こういう入居者さんは、マイホームの頭金が貯まると、自宅を買って退去するケースが多いです。

立地がいまいちだったり小さかったりして家賃が安い戸建てには、一人暮らしの生活保護の方などが入ることがあります。こういう方は長く住み続けてくれる傾向があり、管理にも手間がかかりません。

アパートの場合は、家賃と属性は比較的リンクします。

家賃の低いアパートをオーナーチェンジで買ったときは、元から住んでいた入居者の中にトラブルメーカーがいて、他の部屋の入居者に迷惑をかけるので、裁判を起こし、最後は強制退去で出て行ってもらったことがありました。

自分がオーナーになってからは、入居審査をしっかりしているので、比較的安い家賃の部屋でも、困った入居者が入ることはなくなりました。

「どういう方が入居されますか？」という質問をした方は、ボロ物件は手のかかる入居者が多いのではという心配を持っているのかもしれません。

しかし、その部分については、申し込みが入った時、オーナー（もしくは管理会社の担当者）がしっかりと審査すれば、トラブルは避けられるということです。


とはいえ、人気のない物件は、とにかく住んでくれる人を見つけるのが大事で、入居者を選ぶどころではありません。

そうならないために、私はしっかりとリノベーションをした上で近隣の相場より1割くらい安い家賃で募集して、入居者探しに苦労しない体制を築いています。

すぐに次の申しこみが入る見込みがあれば、「この人はマズイ」という人は迷わず断ることができます。

逆にいうと、地域最安値でも満足いく利回りが出る価格で購入することが肝ということです。

【質問６】築何年までの物件なら購入して大丈夫ですか？

【脇田の回答】

私が買っている不動産でいうと、築年数は三十数年というものが一番多いです。次が四十数年で、五十年を超えるものは稀です。「築年数不詳」というものもいくつか持っています。「築年数不詳」というと、「そんなに古くて大丈夫？」という人もいますが、「築年数不詳」といっても、たいていは戦中や戦後の混乱期にできたもので、江戸時代とか明治時代築ということはありません（笑）

多くの人は、鉄筋コンクリート造の建物が一番強いと思っているようですが、軍艦島を見るとわかるように、鉄筋コンクリートは一度、傷み始めると、短期間で脆く崩れていきます。木造はその反対です。極端なことをいえば、世界最古の木造建築といわれる法隆寺は、新築から千三百年以上経っていますが、しっかりと建っています。

メンテナンスさえすれば、木造は非常に堅固なのです。そういう意味で、築年数は関係ありません。古い物件でも、やり方次第で再生は可能です。

【質問7】ボロ物件投資に融資は使えますか？

【脇田の回答】

原則、長崎のボロ物件には融資はつきません。しかし、何事にも例外はあります。

例えば、脇田がコンサルティングをしている方には、日本政策金融公庫の事業性ローンを使い、購入費やリフォーム費用を借り入れたケースがあります。

購入代は借りられなかったけれど、現金で物件を購入後に、リフォーム代だけは借りられたという人もいます。

アパートの購入費用として一千万円を借りた人、リフォームローンで１５００万円を借りた人など、金額は様々です。

注意点としては、公庫は支店や担当者によって方針が異なるため、どの支店のどの担当者に当たるかで結果が変わるということが多いようです。

また、四半期ごとに大まかな方向が決まるので、タイミングによっても結果が変わってきます。

ですので、借りられた人から紹介を受けて、タイミングを見て融資を持ち込むというのは一つの手です。

ただ、私から見ると、公庫で融資を引けた方は、借りたお金と同じくらいの貯金がある方など、いわゆる属性がいい人たちが多い印象です。

そういう意味では甘くはないと思いますが、チャレンジする価値はあると思います。

【質問8】長崎（地方）でされているかたはやはり長崎の方（地元の方）が多いのですか？

【脇田の回答】

いいえ、長崎の方は全体の約5％程度です。それ以外では関東が50％、関西が35％、福岡と熊本が5％、それ以外が5％というイメージです。

これは私が相談を受けた方や、実際にコンサルティングをした方から割り出した数字です。

「長崎在住の方は地元のことだから、脇田さんに相談せずに自分でボロ物件投資ができる。だから、割合が少ないのでは？」という方がいますが、私の印象は違います。

ではなぜ、前述のような割合になるかというと、不動産投資をしたい、家賃収入を得たいと考える人たちの母数が、長崎に比べて関東や関西の方が圧倒的に多いのです。

地域の割合はそのまま、不動産投資家の数の割合ともいえるでしょう。

この質問をした方は、物件との距離が遠いと運営できないのではと心配されているのかもしれません。

もちろん、地元の方が何をするにも便利ですが、実際には遠方の大家さんたちが長崎のボロ物件投資を始めて成功しているのです。中には2戸、3戸と買い増している方も多くいます。

遠方の方がどうやって管理しているかというと、多くの方が長崎にある管理会社を利用しています。

岩崎さんのパートにも出てきましたが、実は私も管理会社を運営しています。

自分の会社の例で恐縮ですが、物件紹介も行っているため、①面談（予算や希望の利回りのヒアリング）、②物件紹介後の物件確認（気に入ればそのまま購入）、③リフォーム完了後の確認、の合計3回だけ長崎に来れば、後の管理は任せてもらうことができます。

自分で管理をしたいという場合は、営業なども含めて、月に1回・二泊三日の予定を組んで長崎に通えば、満室経営が可能だと思います。

私も長崎に物件を買い始めたばかりの頃は、毎月、足しげく通っていました。

【質問9】全国的に空室率が高まっているといわれますが、脇田さんはどうやって満室を維持しているのですか？

【脇田の回答】

満室経営を続けるために、あらゆることをしています。

一番力を入れているのは、お客さんを付けてくれる営業マンたちにうちの物件を知ってもらうことです。そして、「脇田さんの物件を満室にしたい」と思ってもらうことです。

そのために、3カ月に一回程度、焼き肉屋で接待をしたり、お客さんを決めてくれた方には個別に謝礼金を支払ったりして、営業マンたちと親睦を図ると同時に、やる気を出してもらえるように努めています。

「そこまでしないと、埋まらないんですか？」という人がいますが、それは物件によります。

ざっくりいうと、埋まりやすい順番は、一戸建て→広いアパート→狭いアパートです。一戸建てについては数が少ないので、早い者勝ちという感じで、空室対策には苦労しません。広めのアパートも同じような感じです。

埋まりにくいのは狭いアパートですが、こちらは、例えば初期費用無料、ネット無料、アマゾンプライム一年間無料でFire Stickプレゼント（Fire Stickがあると、テレビの画面で

Youtubeやアマゾンプライムのコンテンツが観られます）、といったキャンペーンを行うこともあります。これが決定打になるというより、似たような物件で迷った時に背中を押すくらいのイメージだと思います。

「そこまでして、狭いアパートを買うのはなぜ？」と思う方もいるかもしれません。

しかし、ここまでやれば埋まるのだから、やればいいと私は思います。

長崎には10世帯で100万円等、リフォームをしてもかなりの高利回りが狙えるアパートも多いのです。戸建てが盤石ですが、そういう物件を組み合わせることで、そして、工夫して満室経営を続けていくことで、資産形成のスピードが速まります。

【質問10】施主支給は大工さんや工務店さんが嫌がりませんか？

【脇田の回答】

施主支給とは、キッチンやフローリング、シャンプードレッサーといったリフォームに使う部材を大家が自分で購入し、工務店には部材の取り付けなどの施工の部分だけをお願いするやり方です。

このやり方のメリットは、自分でヤフオク！　やアウトレットを扱うサイトなどで部材を仕入れることで、工務店を通す場合よりも部材代を安く抑えられることです。

逆に言うと、工務店から見るとその部分の儲けがなくなるので、正直、施主支給を申し出ることを嫌がる業者さんも多くいます。

初めて工事をお願いする業者さんの場合、「施主支給」と言ったとたんに、工事自体を断られることもあるかもしれません。それでも初期の頃は少しでも出費を抑えるために、施主支給をしたい大家さんは多いでしょう。

そこでの注意点は、「施主支給を受け入れてくれてありがとうございます」という感謝の気持ちを持って、業者さんに接することです。

施主支給は、業者さんから見ると儲けが減るだけでなく、使い慣れたものと違うやり方になったり、必要なタイミングで届かなかったりすることもあるため、手間が増えることになります。それなのに、「協力してくれて当たり前」という態度でいれば、関係を損ねることにもなりかねません。

大家さんがサラリーマンだったり、遠方に住んでいたりする場合などは、現地に部材を送ってもらい、現場の大工さんに受け取ってもらうことをお願いすることもあるでしょう。

そんなときも、きちんと言葉でお礼を伝え、時にはおいしいものをごちそうするなどして、感謝の気持ちを示してください。

第6章

岩崎えり×脇田雄太の
長崎「ボロ戸建て」投資の秘訣
【ホンネ対談♪】

この章では、著者の二人の対談を紹介します。

融資を使って一棟物件を買うところから不動産投資を始めた二人が今、長崎のボロ物件投資をしている理由って？　長崎でのボロ物件投資を始める人たちの特徴とは？　ボロ物件投資でセミリタイアできる？　ボロ物件投資で失敗した人はいるの？

気になる様々な話題について本音で語り合った内容は必見です。

だから私は長崎のボロ物件投資を選んだ

岩崎　ここ最近、現金で買えるボロ物件の人気が高まっています。その背景には、融資が厳しくなったことがありますよね。脇田さんがボロ物件を買い始めた頃は、融資が出やすかったと思うのですが、なぜボロ物件を買おうと思ったんですか？

脇田　確かに、当時はフルローンやオーバーローンが珍しくない時代でした。私自身、一棟目は中古の一棟RCマンションをフルローンで買ったんですよ。きっかけになったのが、金森茂樹さんの「破壊的投資法」を読んだこと。本にはフルローンを引いて物件を買い続ける方法が紹介されていました。

岩崎　有名な本ですよね。

脇田　はい。私はその頃、「30才までに1億円貯めたい」という目標を持っていたので、一気に資産を増やせるこのやり方に魅力を感じました。具体的には、毎年2億円程度のマンションを買い続けて、5年で10億の物件を買おうとしていたんです。

岩崎　今とはまったく違う手法ですね。なぜ、2億円の物件を欲しかった脇田さんが、今は長崎の激安物件を？

脇田　最初の物件を買い、1億円を超える借金をしたら、怖くなったからです。理屈じゃなくて、本能的なものですよね。もし、自分の物件で事件でもあってローンが払えなくなったらどうしようとか、ふとしたときに不安が頭をよぎるんです。

投資の本って、「借金にはいい借金と悪い借金があり、いい借金ならしてもいいんだ」みたいなことが書いてあって、頭ではわかるんですが、私の中では、「いやいや、どんな借金だって、少ない方がいいよ」という気持ちがどんどん大きくなりました。

岩崎　そうだったんですね。

脇田　それに私はもともとリフォームが好きで、不動産投資家になれば好きなだけ物件をいじれると思ってこの道に入ったんです。でも、フルローンがつくような立派な物件って、リフォームといってもたいしてやることがないんです。それもあって、一棟マンションは最初の物件でおしまいにして、次からは借金ナシで買えるボロ物件に移行しました。

岩崎　なるほど。

脇田　ところで岩崎さんはなぜ、不動産投資を始めたんですか？

岩崎　私は大学時代に心理学の博士号をとって、卒業後も専門職として働いていました。でも、すぐには常勤にはなれない世界で下積み期間が長く、年収は230万円。大学の准教授や教授になれる人はほんの一部なので、将来に不安を感じていました。いわゆる高学歴ワーキングプアーです。

脇田　そうだったんですね。

岩崎　それで不動産投資に興味を持ったんですが、収入が低かったので、銀行に行くと「ご主人と一緒に来てください」と追い返されてしまいました。それでもあきらめきれず、結局、主人を巻き込んで不動産投資を始めたんです。

脇田　ご主人も応援してくれたんですね。

岩崎　いいえ、夫は最初、「借金なんて危ない」といって反対しました。でも、心理学の知識を応用したりして、最終的には理解してもらいました（笑）。

脇田　今、家賃収入はどれくらいあるんですか？

岩崎　約4800万円です。研究の仕事はやめて、今は子育て中心の生活です。以前は生活のために働いている感じでしたが、今はやりたいことを軸に行動できているので、毎日が楽しいです。

一棟目はS銀行の融資を引いて1億円のマンションを購入

脇田　話は変わりますが、岩崎さんも最初は大きい物件から始めていますよね。

岩崎　はい。私は2014年に不動産投資を始めたのですが、最初の2棟は中古の一棟マンションを買いました。一棟目は約7千万円で、2棟目が約1億円です。融資がジャブジャブの時期だったので、両方とも、フルローンを引けました。

脇田　確かにその時期も、融資がつきまくっていましたよね。特にS銀行の勢いはすごかった。金利4・5％でたくさんのサラリーマンが融資を引いて地方のRC物件を買いました。そのせいで、相場まで上がりました。

岩崎　まさに、私はそのS銀行で4・5の融資を引いて物件を買った投資家のひとりです（笑）。

脇田　ブームに乗ったんですね（笑）。

岩崎　それが最近は、長崎のボロアパートやボロ物件を買っているので、「なぜ、今になって長崎なの？　ボロなの？」ときかれることが増えています。

脇田　質問にはどう答えているのですか？

岩崎　最初に買った２棟が、今思うと高掴みしてしまったなと思います。特に２棟目の物件は購入後に毎月、退去が発生して、気が休まりませんでした。

退去があるとそのたびに原状回復費用が出ていくじゃないですか。今思うと、売るためにニセの入居者を入れていたのかもしれません。金利も高くて、キャッシュフローもカツカツでした。それで、なんとかしなくてはと。

脇田　それはマズイですね。

岩崎　そうなんです。その後、キャッシュフローが出る築古の物件を融資をひいて買い増ししていたのですが、２０１８年からは頭金が３割必要になり、それも難しく、ボロ物件の現金買いに辿り着きました。

脇田　ボロ物件投資、やってみてどうでしたか？

岩崎　なんといっても少額で買えて、着実に家賃が入ってくるのが魅力です。あと、木造

だと内装や設備だけでなく、間取りも変えられるので、ビフォーアフターを見るのが楽しいですね。それに、戸建てが埋まりやすいとはきいていましたが、本当に入居付けがスムーズで空室が出にくいので精神衛生上もいいなと思いました。ちなみに、今は借り換えに成功して、金利4・5%から1・5%になりました。

脇田　それはよかったです。

岩崎　実は私は長崎で生まれて、母も祖母から物件を引き継ぎ、長崎で2013年から不動産投資をしていたんです。長崎の金融機関で借り換えができたのも、母の紹介です。それなのに、自分が物件を買う時は大都市の大きな物件にばかり目が行ってしまいました。「灯台下暗し」でしたね。

脇田　長崎、いいでしょう（笑）

岩崎　はい。それで、長崎の金融機関に借り換えができた後は、2016年6月に1棟、2018年6月に1棟、アパートを買いました。ただ、この物件も融資を引いて買っていることもあり、そこまで高利回りではありません。

ボロ物件投資が様々な投資法の中で最もローリスクハイリターンだと思った

岩崎　何度も聞かれたと思うのですが、脇田さんはどうして、長崎のボロ物件を現金で買う今の手法に辿り着いたのでしょうか？

脇田　自分でいうのもなんですが、私はかなりの本を読んで、色々な手法について学びました。どんな手法にも一長一短がある中で、ボロ物件投資が最もローリスクハイリターンを狙えると感じたのです。

岩崎　何故そう思ったのでしょう？

脇田　現金買いで安く買えるボロ物件は、自分の裁量がそのまま利益につながるんです。いくらで買うか、場所はどこにするか、どう直すか、いくらで貸すか、失敗も成功もすべて自分次第です。

岩崎　それは他の物件でもそうだと思うのですが？

脇田　それが、そうでもないんですよ。例えば、一棟目のＲＣ一棟マンションは家賃が毎月約１００万円ありましたが、銀行への返済、税金、保険、原状回復費などを引くと、毎月30～40万円程度しか残りませんでした。正直、「1億円も借金をした割には大して儲からない」と思いました。色々なところで、利益が持って行かれてしまうような感じがしたんです。

岩崎　確かに、私もそれは感じます。

脇田　それで、私は2棟目は、長崎市内にある1棟6室のアパートを現金で買いました。月額賃料は22万円です。長崎のアパートの方が大阪のマンションよりも遥かに安く購入したにも関わらず、手残りがこんなにあるのかと驚きました。

中でもびっくりしたのは、１棟目のＲＣマンションの固定資産税が年間１００万円だったのに対し、長崎は年間５万円だったことです。この経験から、無借金で長崎に物件を購入する方向性に舵を切りました。

ボロ物件投資は戸建てだけではない

岩崎　説得力があります。長崎の物件は特に、価格の安さが強みだと思います。ところで、脇田さんは戸建てだけでなく、区分マンションや中古アパートも持っていますよね。それもボロ物件投資なんでしょうか？

脇田　区分マンションも中古アパートも一戸あたり数十万円で買って、リフォームして高利回りで貸していますから、私の中では同じですね。戸建とアパートではちょっとずつクセが違うという感じです。

岩崎　どんな風に違いますか？

脇田　まず、戸建ては安定しています。日本国債のような感じです。一度入ると長く住んでくれますし、共用部の掃除や電球の交換なども不要なので手間もかかりません。

また、リスクにも強いです。アパートだと、もし自殺などがあれば丸ごと一棟事故物件になり、告知義務も発生します。でも、戸建てなら他の物件には影響がありません。私は持っていてラクな戸建を好んで買っていますが、スピードを求める人にはアパートをすすめることもあります。

岩崎　でも、アパートはさすがに現金では買えませんよね。

脇田　そんなことはないですよ。過去には12世帯で100万円という物件も買いましたし、4部屋のアパートが2棟で200万円ということもありました。現金でも買える金額ですよね。

岩崎　確かにそうですね。私の中に、戸建ては安くなるけれど、アパートはそこまで下がらないという思い込みがあったかもしれません。ただ、アパートは戸建に比べて、ひとつあたりの面積が小さくなりますし、入居付けが厳しくなるんじゃないですか？

脇田　それは物件次第ですね。私の中の意識では、戸建が長男、ファミリータイプのアパートが次男、単身者用アパートが三男、区分マンションが末っ子くらいの違いです。どんな物件でも立地を選んで、安く買って、きちんと直せば、利回り15%以上で運営可能です。

岩崎　なるほど。

脇田　アパートでも安く買って、相場よりも少し安く貸せば、住みたい人はいますよ。相場が4万円のエリアに3・3万円で住めたら、もうそこから動きません。と言いつつ、単身者用アパートや区分マンションは、積極的には買っていません。やっぱり私は安定している戸建が好きですね。

岩崎　では、単身用アパートや区分マンションは、どんな時に買うんですか？

脇田　お世話になっている業者さんから「戸建と一緒にこれも買ってほしい」とセットで頼まれたりしたときですね。

ボロ戸建投資はウサギとカメの童話のカメのようなもの

岩崎　私はまたローンがつく時期がきたら、一棟物を買いたいという気持ちがあるんです。
　脇田さんは最初の一棟を除いて、全部現金買いですよね。今なら現金買いの物件から100万円以上の家賃収入がありますし、ローンを引いて物件を買っても、何の心配はないと思うのですが、それでも借金はしませんか？

脇田　うーん、今のやり方で順調に資産が増えているので、借金をする必要がないんですよ。ただ、ローンを否定するわけじゃないし、借りたい人は借りればいいと思います。他の人に自分のやり方を押し付けるつもりはありません。

岩崎　どういう人に、ボロ物件投資をおすすめしますか？

脇田　現金はあるけど借金ができないという方や、私のように借金をすると落ち着かないという人ですね。物件を欲しいけれど、融資がつかないといってモヤモヤしている人にも向いていると思います。お金って持っているだけでは増えないので、置いておくより有効活用した方がいいじゃないですか。

岩崎　確かにそうですね。

脇田　レバレッジをかける投資と現金買いの投資について、私はウサギとカメの話で説明できるかなと思います。

岩崎　教えてください。

脇田　融資を引いて大きい物件を買う人はウサギ派です。ただ、童話でもウサギが途中で寝てしまったように、急いで資産を拡大することには、なんらかの副作用が生じやすいんです。

一方でカメは一歩一歩、前に進むので歩みはのろいです。でも、それをバカにしてはいけません。リフォーム代を入れて500万円で仕上げたボロ戸建を利回り20％で回せば5年に1回買っていけます。入ってきたお金でもう一戸物件を買うということは、資産が2倍になるということです。

ウサギは一匹で走り続けるところを、カメは一匹から2匹、3匹と、仲間を増やしていけます。私は今、カメが80匹に増えて、それぞれが安定的に4万円とか5万円を稼いでくれます。こうなるともう、毎月物件を買ってもまだ追いつかないくらいです。複利の力ってすごいんですよ。

カメはロースタートですが、入居が安定していて税金も少ないので、残るお金が多く、続けるうちにグイッと伸びてきます。

ウサギはカメのようには増やせません。世の中の情勢が変わって、銀行に「君にはもう融資しない」と言われたらそこでストップ。RC物件ですと、修繕が発生した時のコストや税金もすごい。つまり、入ってくるお金も多いけれど、出ていくお金も多いんです。

どちらがいいとか悪いではなく、それぞれの特徴を知って、自分にあったやり方を選ぶのが重要だと思います。

長崎に「安心を買いに来た」といった投資家

岩崎　私は最初にウサギを選んだので、次はカメを増やして、全体のリスクを下げていきたいです。

脇田　もちろん、両方同時にやったっていいんです。例えば、借金をして法人と個人で計

6棟のRC一棟マンションを買った投資家さんで、もうお金を借りられないと言われて、今は長崎でボロ物件を増やしている方がいます。

RCマンションの返済分を戸建の賃料が超えてくると、借金のプレッシャーが小さくなります。スピード重視で始めて、あとからリスクヘッジをしている格好ですね。

岩崎　脇田さんは投資家さんのコンサルティングもされていますよね。ボロ物件投資を最初からやりたいという方ばかりではなく、一棟物を買われている方も相談に来るというのは意外でした。

脇田　たくさんいらっしゃいますよ。10億とか15億とか借りている人も珍しくありません。先日面談した方は、「自分にはボロ物件なんて関係ないと思っていたけれど、脇田さんの本を読んで、ボロがリスクヘッジになると知り、安心を買いに来た」と話していました。

岩崎　なるほど。「安心を買う」というのは、とても腑に落ちます。

脇田　Sバブルの時は、融資がつくからと、高い金利で安くない地方の一棟マンションを買った人が多くいたようです。長期の融資がついたので見かけ上のキャッシュフローは出ますが、物件の実力がない場合は、どんどん運営は厳しくなります。

そういう人はキャッシュがあるうちに、現金で高利回りのボロ物件を買うことがリスクヘッジになると思います。

岩崎　どちらかひとつを選ぶのではなく、戦略として両方を組み合わせるやり方もあるんですね。勉強になります。

脇田　最初に現金で買った戸建てをコツコツ増やして、あとで貯めたキャッシュを頭金に一棟物を買ったっていいんですよ。その時は戸建てを担保にすることもできます。ボロ戸建はどんなやり方とも親和性が高いので、必要に応じて活用すればいいんです。

岩崎　ああ、わかる気がします。脇田さんがこれまで、たくさんの方にボロ物件投資のアドバイスをしたと思うのですが、うまくいかなかった方もいますか？

脇田　１００人中３人くらいはいます。私もいい物件を紹介したいので、お願いされてもすぐに物件を出せるとは限らないじゃないですか。それが待てなくて、「早く欲しいからやっぱりいいです」という人もいますし、「本当はそんなやり方無理なんじゃないのか？」と怒ってやめていく人もいます。

逆に言うと、買ったけれど失敗して、「もうこりごりだ」みたいな方はいませんね。物件を買って家賃収入が入るところまで行った方は、ほとんどがリピーターになります。

１億円持っている人がボロ物件を買いたいとやってくる

岩崎　脇田さんに相談される方って、どんな方が多いんですか？

脇田　東京や大阪のサラリーマンの方が３分

の1、自営業者や不動産投資で成功して1億円くらい持っている方で、余ったお金でボロ物件を買いたいという方が3分の1、あとの3分の1は収入は多くないけれど、がんばって貯めたお金を堅実に運用したいという方たちですね。

岩崎　1億円も持っている方が、ボロ物件投資ですか？　意外な感じです。それぞれのタイプによって、すすめる物件も違うんでしょうか？

脇田　いえ、同じです。立地がよくて、入居付けがスムーズで、高利回りが狙える物件ですね。違いとしては、お金をたくさん持っている人には、アパートをすすめることもあります。あとは、相手の方が求める利回りによっても、紹介する物件は変わってきます。

岩崎　どういうことですか？

脇田　高利回りにこだわる方は、単身用のアパートをすすめて、利回り15%で十分という方には戸建を紹介するという感じです。

岩崎　なるほど。

脇田　あと、予算や求める利回りによって、リフォームの内容を変えています。わかりやすくいうと、新築のようにしっかりと直して資産価値を高める松コースと、最低限のリフォームですませる梅コース、その中間の竹コースですね。梅コースの場合、利回り25%くらいは可能ですが、リフォームにお金をかけられないので、「あとで直すところが出てきますよ」と事前に伝えます。瞬間最大風速で利回りは25%出るけれど、中長期的に見ると減速していくというイメージです。

利回りと資産価値ってトレードオフなんですよ。相談者さんは、利回り派と資産価値派の二つにわかれますが、どちらがいいとか悪いということはありません。メリットとデメリットを理解して、自分に合った方を選べばいいいと思います。

岩崎　脇田さんは昔は利回り派でしたが、今は資産価値派に変わったんですよね。

脇田　そうです。最初、どの本を見ても「利回りが大事」と書いてあったので、リフォームもできるだけコストカットして、高利回りで仕上げることを目標にしていました。ただ、それだと入居者さんがついてから、あちこち壊れるので、結局、手間もお金もかかるんですね。

ですので、今は利回りは下がるけれど、配管やお風呂、キッチンなども最初に新しいものに変えて、10年は直すところがないレベルにしています。

岩崎　リフォーム代にはいくらくらいかけていますか？

脇田　５万円で買った戸建てを３５０万円で直して５・５万円で貸すとか、そんな感じです。長崎市の中心部ですと家賃は５・５万円プラスマイナス１割くらいで決まるんです。ちなみにリフォーム代も現金で払います。

岩崎　「利回り30%とか40%以上のものをください」、という方もいらっしゃいますか？

脇田　はい。ただ、それだけの利回りで仕上げるには、私に相談料を払う時点で難しくなってしまいますし、30%超の利回りが中長期的に継続することもまずありませんので、そういった事情を丁寧に説明します。

今はYoutube等で、リフォームのやり方をはじめ、様々なノウハウを学べますから、時間がある方は自分の力で高利回り物件を作ってみるのも、とても価値のあることだと思います。

岩崎　セミリタイアを目指している方もいますか？

脇田　はい。ただ、私は「セミリタイアできますよ」と簡単には伝えません。先ほどのカメの話をして、コツコツ一緒にがんばりましょう、と言っています。実際に会社員を卒業された方も何人もいらっしゃいますよ。

物件情報をもらうには感謝の気持ちを示すことが大事

岩崎　そんなにたくさんの方から物件紹介を頼まれるということは、脇田さん自身がいい物件を買えなくなってしまいませんか？

脇田　それはないですね。というのも「脇田基準」という言葉を自分で作りまして(笑)、長崎のお付き合いの深い不動産会社さんとの間で、金額や立地、間取りや面積・日当たりなど、脇田の基準を満たした物件を紹介していただいた場合は、全物件を購入させていただくという取り組みをしているんですよ。

岩崎　全部ですか？

脇田　はい。本当に全物件です。資金がなくて購入できませんとか、なんとなく気が進まないから購入しませんというような、不動産会社さんの立場で考えるとある意味、不合理な断り方を極力しないようにしています。そうすることで、一定の基準を満たす物件であれば、脇田に声を掛ければ処分できるという認識を不動産会社さんに広く持っていただくことに成功しています。ある意味、物件処分の最後のセーフティーネット（笑）のような役割を引き受けているんです。

岩崎　仕入れを仕組み化しているんですね。

脇田　一つのボロ物件を購入することで、二番目のボロ物件に話がつながっていく。二番目のボロ物件が三番目のボロ物件につながっていく。長崎に来てからの約10年で、何百という物件を継続して購入させていただきました。ムラなく安定的に物件を購入し続けてきたからこそ、優先的に次の物件情報を紹介してもらえるのだと思います。

岩崎　買えば買うほど、買えるようになるんですね。

脇田　そうですね。別の言葉でいうと、「夜空にたくさんの星を途切れさせずに並べることで天の川を作っていく」ようなイメージでしょうか。男42歳にしては例えがきれい過ぎましたが（笑）、私はこの考え方のことを、自分の中で「物件連続体を維持する」と名付けて日々大切にしているんです。

岩崎　深いですね（笑）。どうして脇田さんのところに安い物件の情報が次から次へと入ってくるか、よく理解できました。

脇田　先日もお世話になっている業者さんを招いて新年会を開いたんですが、30人くらい来てくれました。

岩崎　ボロ物件は手数料も少ないと思うんで

すが、謝礼はどんな形で渡していますか？

脇田　気持ち、相場より手数料を増やすこともありますし、食事をごちそうすることもあります。その他に、買った後でクレームを言わないことも重要だと思います。「ありがとう」の気持ちはあらゆる形で示しています。

岩崎　不具合があったときは、どうやって伝えるんでしょう？

脇田　「お風呂が壊れてるじゃないですか！」と文句を言う代わりに、「お風呂が壊れていたので、こういう風に直して、大丈夫になりました」と報告します。すると、脇田はボロい物件でも直して再生できる人間だと思ってもらえて、また情報が入ってくるんです。

岩崎　逆に、紹介してもらえない人は、どんな人ですか？

脇田　買った後でクレームを入れる人や、約束したことを守れない人でしょうね。ボロいから安く買えるのに、「こんなにリフォーム代がかかると思わなかった」と文句を言ったり、瑕疵担保責任なしで買っているのに、そこをひっくり返そうとしたり、相手から「面倒なお客さんだ」と思われたら、もう紹介してもらえないと思います。

岩崎　わかる気がします。

脇田　ボロ物件投資の世界では、「お金を払う方が偉い」という一般市場でのルールは通用しません。安い物件を欲しい人はたくさんいるんですから、物件情報をもらえるようになるには、相手から見ていいお客さんになることが大事なんです。

岩崎　私も脇田さんを見習って、感謝の気持ちはきちんと示すようにしています。例えば、案内してくれた方にお車代を渡したり、紹介してもらった物件を買えた時は、謝礼を渡したりするようにしています。

脇田　そうやって協力者を増やしていくことで、現地にチームができて、どんどん運営がしやすくなりますよ。

保険は何も考えず加入してマックスでかける

岩崎　他に、ボロ物件投資で気を付けていることがあれば教えてください。

脇田　２０１９年もそうでしたが、長崎には毎年のように大きな台風が来ます。ですから、損害保険に加入して、風水害に備えています。

火災保険だけではありません。よく、「地震保険には入ったほうがいいですか？」と相談されるんですが、僕は「何も考えずに入りましょう」とアドバイスしています。日本で不動産投資をする以上、地震は起きるという前提で備えておくべきです。

岩崎　保険に入る時のコツはありますか？

脇田　保険屋さんに見積もりを頼むと、標準評価額が算出されますが、その評価額に対し

てプラスマイナス３割の増減を指定することができるんです。保険料が３割高い代わりに、もしものときも３割多く支払われます。私はすべての物件で３割上乗せしたプランを選んでいます。

岩崎　安く買った家でも、保険はしっかりかけるんですね。

脇田　はい。先日、毎月の掛け金をカウントしたら、40万円くらい払っていました。もし全部の物件が全損になったら、約18億円入ってきます。現金で買った物件ばかりなのに、これってすごくないですか？　もちろん、本当にそうなっては困りますが（笑）。借金が苦手なのもそうですし、少し心配性なのかもしれません。

他に、例えば物件のタイルが落ちて通行人にケガを負わせてしまった時などに使える「施設賠償責任保険」にも必ず入るようにしています。何もない時は、高く感じるかもしれませんが、保険はいざという時の助けになってくれますからね。

これからも長崎でボロ戸建投資を続けていきたい

岩崎　今、初心者さんが増えていますよね。脇田さんは不動産投資を始める前、どうやって勉強しましたか？

脇田　店に並んでいる不動産投資系の本を全部買いました。本当に全部です。これまでに５００冊以上読んだと思います。あとは長嶋修さんが主宰していたエクシードという勉強会に通って、先輩大家さんたちがどんな物件を買っているのか、どうやって買ったのかなどを学びました。そこで知り合った方たちとは、今でも仲良くさせていただいています。

岩崎　初心者の頃は、相談できる仲間や先輩がいると心強いですよね。

脇田　そう思います。岩崎さんも「長崎〝激安戸建て〟投資倶楽部」というコミュニティを主宰されていますよね。私も顧問という立派な肩書をもらっていて、なんだか恐縮です(笑)。

岩崎　いえいえ、ありがとうございます。

脇田　勉強会に行くと、今までなら知り合えなかった方と色々と情報交換できるのが嬉しいです。

岩崎　長崎の良さを皆さんに知ってほしいと思って作ったコミュニティですが、たくさんの方に興味を持ってもらえて、私もやってよかったと思っています。

脇田　次の目標はあるんですか？

岩崎　保育園の経営に興味があります。脇田さんはどうですか？

脇田　私はこれからも長崎でボロ戸建投資を続けることですね。物件を探すのって、リアルな宝さがしゲームみたいで、面白くないですか？　よく、「セミリタイアできてよかった

ですね」と言われるんですが、私は会社がきついからラクをしたくて大家になったんじゃなくて、不動産の仕事が本当に好きだから、コチラの世界に転職したという気持ちでいます。

それに、不動産って会社員とは違い、自分で努力した分だけ、成果が出るじゃないですか。だから、やればやるほどはまっていく感じです（笑）。

岩崎　長崎のボロ物件投資が大好きな脇田さんに師匠になっていただけて、本当によかったです。これからもご指導よろしくお願いします。

脇田　喜んで！

あとがき

最後までお読みいただきありがとうございました。脇田雄太です。「まえがき」は岩崎さんの勇気がでる素晴らしい文章をいただいたので、「あとがき」は私の方から、少しリアルな成功大家さんへの道についてお話しさせていただきます。

ここ数年、新しい投資家の方が全国から長崎へお越しになられて、地道な努力と創意工夫で、不動産投資を成功させている姿を拝見でき、とてもうれしく思っています。初の共著であり、通算12冊目にあたる本書は、新型肺炎の脅威が日本だけでなく世界中を襲う中で執筆しました。努めて普段通りの生活を維持し平静を保ちながら、粛々と大阪と長崎を行き来する日々です。

私は一カ月のうち半分を長崎で過ごしていますが、嬉しいことに視察できる物件の数が日を追うごとに増えてきました。多い時には月に50世帯超の物件を視察し、10世帯程度の買付を入れることも珍しくありません。

不動産投資を始めた十数年前では考えられないような幸せな状況です。

こうしてあとがきを執筆している今日も、8世帯のアパート一棟の契約決済を無事に終えました。

日々、多くの物件を視察・購入している中で大切にしている考え方があります。それは、本文中でも触れた「物件連続体」というものです。

不動産はひとつひとつ、住所も築年数も戸建やアパートといった種別も売主様も何もかもが異なりますので、当然ながら独立したバラバラの存在です。

しかし、いいコミュニケーションを取って、いい指値を入れて、買主だけでなく、不動産会社さんにとっても、売主様にとっても良い取引をさせていただくと、それが変わってきます。

お相手の中に「次も脇田さんに物件を買ってもらいたいな」という空気が醸成されてくるのです。そうすると、よい物件がどんどん自分の元へ舞い込んでくる状態になります。あたかも、物件が夜空の天の川や、川を流れる水のように連続して流れ込んでくるような状態です。

このような状態に慢心することなく誠意をもって維持していくことが、不動産投資を成功させるためにはとても大切だと思っています。

不動産投資で成功するために必要なものは、実績に裏付けされた信頼です。

信頼のある投資家の元には自然と良い物件がやってくるものです。

読者の皆様にもぜひそのような気持ちで不動産投資に取り組んでいただければ大変うれしく思います。

最後に、この場をお借りして謝辞をお伝えしたいと思います。

これまで様々な形で私の不動産投資を導いてくださった、さくら事務所の長嶋修様・大西倫加様、健美家でコラムを執筆する機会をいただき多くの方々と知り合う機会を下さった健美家の萩原知章様・倉内敬一様、皆様のおかげで今の自分があります。改めましてお礼申し上げます。

また、通算12冊目となる本書出版の機会を頂きました、版元であるごま書房新社編集部の大熊様、1冊目から継続して原稿作成のお手伝いをしていただいている、加藤浩子様にもお礼申し上げます。

本書が、ボロ物件投資に取り組む、全国の投資家の皆様のお役に少しでも立つことを願っております。

２０２０年　３月吉日　お花見を控え三寒四温の大阪の自宅にて

脇田　雄太

著者略歴

岩崎 えり（いわさき えり）

福岡県出身、横浜在住。長崎"激安中古戸建て"投資倶楽部代表。神戸女学院大学卒後、白百合女子大学大学院にて心理学を学び心理学博士号取得。教育センター、教育機関などで心理学の講師を行う。

結婚を機に将来的に夫婦が豊かに暮らすための手段として不動産投資をはじめる。2014年に銀行融資を中心にわずか2ヵ月で茨城県の中古アパート（14室）、大阪府の中古マンション（29室）を連続購入。さらに長崎県の中古アパートを2棟（16室と4室）を購入、2019年3月には長崎市にて初の中古戸建てを「5万円」の激安価格にて取得するなど、様々な物件規模で資産を拡大中。現在、投資規模は約2億円の資産、家賃月収200万円となった。

現在は、幼い娘の子育てをしながらママ大家さんとして奮闘の日々をおくりつつ、主婦やOLのマネーリテラシーを広げるために、定期的にセミナーや勉強会を主宰している。著書に『30代ママ、2ヵ月で"月収150万円"大家さんになる！』（ごま書房新社）がある。
●長崎"激安中古戸建て"投資倶楽部公式サイト：http://eri-iwasaki.net/nagasakiclub/
●ブログ「ママ投資家"岩崎えり"のhappy不動産life」http://s.ameblo.jp/chocolat-heaven/
●Facebook【岩崎えり】：https://www.facebook.com/eriko.iwasaki.79

脇田 雄太（わきた ゆうた）

不動産投資家。脇田雄太事務所代表。

1977年生まれ。大阪府出身。立命館大学政策科学部卒。在学中、通商産業省（現：経済産業省）、日本アイ・ビー・エム株式会社にてインターン後、新卒でリクルートグループ入社。在職中、大阪府下に中古マンション1棟を購入したのをきっかけに独立。2009年から「脇田雄太事務所」代表として大阪・長崎を拠点にて活躍中。投資規模としてはボロ戸建てを中心に、合計100室超の投資用物件を取得、家賃年収は4800万円を超えている。

『日経マネー』などビジネス誌へのコメント実績多数、セミナー講師としても人気を博している。著書に『"5万円"以下の「ボロ戸建て」で、今すぐはじめる不動産投資！』（ごま書房新社）ほか、累計12冊執筆。
●脇田雄太事務所
公式ホームページ http://wakita.in
●脇田雄太のコラム（国内最大級・不動産投資と収益物件の情報サイト『健美家』にて）
http://www.kenbiya.com/column/wakita

関東在住の育児ママでも成功した
"ワッキー流" 地方「5万円戸建て」投資！

著　者	岩崎 えり 脇田 雄太
発行者	池田 雅行
発行所	株式会社 ごま書房新社 〒101-0031 東京都千代田区東神田1-5-5 マルキビル7階 TEL 03-3865-8641（代）　FAX 03-3865-8643
編集協力	加藤 浩子（オフィスキートス）
カバーデザイン	堀川 もと恵（@magimo創作所）
印刷・製本	精文堂印刷株式会社

ISBN978-4-341-08760-9 C0034